祝平次 著

朱子學與明初理學的發展

臺灣 學生書局 印行

獻　給
親愛的爸爸媽媽

前　言

　　學術界現存研究朱子的著作不可謂不多，然各種取徑對本書所討論的問題——朱子哲學理論的整全性，或多或少都有不足之處。

　　錢穆先生一生心崇朱學，所編著之《朱子新學案》對於朱子在理學以及經、史、子、集之學各方面的成就都有精闢的見解。爲學者提供了一便捷的路徑以窺朱子學之全貌。更讓我們對於朱子在學術史上的重要地位有一深切的了解。錢先生治學方向近於朱子，學識深厚寬博，有此成績，自不足異。然而在解析朱子思想時，偶而過於淺簡，難免於精微處不能明解，而時有含混儱侗之嫌。書中時言朱子可以含括象山，即是一例。對於理、氣、心、性間種種複雜問題，也未能細剖。

　　陳榮捷先生以英文寫了很多於關於朱子的文章。在將朱子思想引介入西方學界的同時，也將西方學者研究漢學的成果介紹到東方。對於朱子學術的把握重在全面性的了解。其對文獻的了解探討，雖不如錢先生深入，然而對於朱子學術以外的種種面向都能有所論述，使得學者對於朱子的人品生活有更鮮活的印象。而對於朱子思想的把握，也不夠細密。

　　分析朱子思想最爲深入的，恐莫過於牟宗三與唐君毅兩位先生。牟先生以康德倫理學系統闡解儒學，對於儒學的精微細密剖析入理。其能入康德、出康德，建立其自身的「道德形上學」；棄康德的本體不可知論，而發揚「智的直覺」，有述有創，一家

之學已然成立；其爲一代之師，確爲名至實歸。然而牟先生直探本原的作法，使得他勇於判分不同思想系統的價值；在其價值判準建立之後，對於他所面對的思想體系，難免有比較、定位之舉。在這種情形下、合乎其判準的思想體系，易得到他同情的了解；與其相異的系統，難免就有扞隔之處。相較於其對象山、陽明的精彩闡揚，其對伊川、朱子體系的解釋難免稍嫌闇淡。而且其解釋、整理伊川、朱子資料時，明顯是以其判準作爲安排。在有完全相應的了解之前，已肯定兩人體系的缺失；故在闡釋資料時，以負面批評爲主脈，對於兩家理論背後預設、或理論的目的，較少完整的說明。如明道、伊川學術異同，朱子繼承明道處，朱子性即理、心統性情、心具衆理等等命題不能深入細剖綜觀。難免令人有憾。

　　比起牟先生，唐先生較能將其西學根砥放在一邊。不先作哲學判思，而求出倫理問題的唯一判準；不讓西學引導其求出最終判準，而將西學當成解析工具。然而其所著《中國哲學原論》屬於分論性質，難以令人看出理論部分與整體之間的關係。而且在其應用西學的分析架構時，其問題取向也易發生偏向，還是無法完全掌握原來問題在其脈絡的應有意涵。如在論朱陸異同時，唐先生還是無法避免「歷史進步」的觀念，在單個點上肯定後來者之進於往昔者。然而這種基於點上的肯定，實爲不足。

　　錢、陳、牟、唐四位先生皆大有功於朱子，二重歷史、二重哲學析判，其學術亦正足以相輔相成。然而現時還各有所缺，綜合的工作，正還有待於後人。作者限於學力，此文所重唯在朱子思想理論的整體闡釋；至於歷史研究的細密工夫，期在將來能再

加以補足。

　　至於大陸學者的著作，最嚴重的問題還是其意識批判的學風猶存。然而這現象在最近已改善不少，也已有不少的學術著作頗為可觀。專論朱子思想的，陳來的著作應是其中的佼佼者。陳來的《朱熹哲學研究》已綜合歷史研究與哲學析判，對於朱子各個思想命題都有細密的歷史研究。其主要的缺失在於太過將朱子理論的解釋放進其所構想的「歷史發展」來看，於是強調各個階段的演變，而忽略其中各個階段的聯繫關係；又在理解朱子思想時，難以避開西方哲學的概念，不能從朱學中發現其理論的架構。

　　本文自難相較於上述五位先生的大作，然文中部分管窺之見或有補於諸先生之所忽，亦望因而能有益於朱子思想之闡明。

　　本文主要分為兩部分：第一部分重在闡釋朱子思想的整體性，解明朱子理、氣、心、性四個重要概念間的主要關係；第二部分則研討明初理學的發展，觀察從朱學到王學的轉變脈絡。全文分成四章。

　　在第一章，首先檢視作為朱子整個思想體系的基礎——理氣論。這基礎是一種逆序的反思，不是朱子思想發展的歷史時序而是邏輯相關的順序。在第一節，我以一些簡單的理論模式解釋宋前儒學在受到道、釋衝擊的情形下，如何以對反構設的方式，以破為立地建設自己的理氣論與之相抗。這種抗衡關係影響到了理氣論的定向，使得宋儒理氣論多少帶有一些和道釋思想針鋒相對的取向和內容，箇中最重要的就是證明世界的實存和人物的差異。

　　第二節討論朱子理氣論中的理氣關係，對於理氣是否為一、理在氣先、理生氣等問題，希望從朱子體系中求得一較圓滿的解

釋。這些問題，朱子雖然沒有徹底地解決，然而這並不妨礙其所欲證明的世界的實存。在諸多字面上矛盾的資料中，我試著依朱子的思路建立一宇宙產生的行程，從不同的行程時段對資料加以解釋，予朱子前後期的想法一較合理、連貫的解釋。朱子的理氣論因《語類》的記載展現出的是朱子對許多問題尋思的過程，而非一已然的結果，故時有矛盾之處。然而其理氣論與心性論之間的密切關係，卻能使我們對於朱子如何構思他的整個體系有更好的了解。

第三節討論朱子理氣論中人物異同的問題。首先對照先秦儒與宋儒辨人物異同重點的不同，看出宋儒對儒學的推廣。然後觀察朱子對這問題的意見和北宋諸儒有何異同。最後辨明朱子如何去解決宋儒因理論的偏轉為儒學帶來的新問題。

在檢討資料的過程中，可以見出朱子對理氣論諸多問題的解決方式非常混雜。造成這種混雜的原因有二：一、理氣論本身所欲解釋的對象的雜多性原本就非一簡單的理論所能解釋清楚，加上朱子本身又欲將其理論建構成一無所不含納於其中的系統，終使得這系統的繁瑣支脈成為整個理論的累贅；二、朱子卻將理氣論與其倫理學聯合的企圖，使原本應不涉價值問題的理氣論融入了道德的問題當中，使得問題更加複雜，終難免出現左支右絀的現象。

然而第一個問題，原本就是任何宇宙論必須面對的難題。如果一宇宙論不能解釋「所有」的宇宙現象，那就證明這理論的普遍性有問題；如果要面面俱到，那一宇宙論的建立永遠不可能完成。第二個問題，也是理學共有的問題，只是其他理學家只將所

謂的生生之理停留在創生階段，然後在談論人物異同時即將人物分開，使得物的道德意義只在人的道德實踐中而顯。只是因爲人物既然同源，而且這源頭也是道德價值的根源，故而物作爲一主體和物作爲人實踐情境的客體的不同就成了一重要的問題。朱子意圖含納其前諸儒的理論而開展之，對於這問題也希望將含混不清之處加以解明，然而這卻使物理和事理一方面有很好的連繫、一方面卻也使得物和事更加困難。

　　第二章討論朱子的心性論。第一節討論「性即理」可能的三種含義——性理即理氣之理、人性即物理、心性即事理。不同的含義擺在朱子的整全思想裡，所偏重的意義各有不同。性理與理氣導出了天地之性與氣質之性的問題，使理氣相互的結構限制更爲突顯，並由此可以見出「理一分殊」的意義。人性與物理偏重在解明第一章第三節所說的人物異同，並就人性物理同源以言格物窮理不是心向外逐物，而是心印證內存於己的性理。心性與事理則重在闡明朱子從一宇宙存有的實體理，如何轉變爲一非實體性的關係理，以建立實際道德實踐中的理則。最後我處理性理形式綜合的問題，討論「所以然不可易」和「當然不容已」這兩種形式之理。經過層層的釐清之後，希望能突顯「性即理」在朱子思想中的豐富義涵及其重要性。

　　第二節討論心統性情，以說明朱子如何完成人之作爲一實踐主體的概念結構。文中我從心的兩種主要作用——知覺與主宰，作爲展開的基點；接著論述心、性的兩種關係——「心具衆理」的潛存結構之含具關係和「心與理一」的實質踐履之合具關係；然後說明在心統性情的結構之下的心、性、情關係。

　　第三節則將重點擺在朱子在完成理氣論、心性論後，如何將這些理論與工夫論配合，用來解釋人的修德的進行及完成。本節主要討論朱子的格致工夫，首先我辨明窮理、格物、致知三者之間的關係，說明朱子心對性靜存含具的關係如何轉變為一動態地實踐合具的關係。文末並討論和格致工夫相關的三個問題——求理於外、道德的迫切性、知識與道德的關係。

　　第三章討論明初諸儒對於其前儒學的承繼與發展。重點在於闡明所討論的這些儒者與朱學的關係。第一節討論曹端，第二節討論薛瑄。這兩位儒者在生活型態上依舊延襲以前的儒者。曹端較之於薛瑄更重實踐躬行，他所留下的文獻資料也都顯示出他的理論承繼前人，無所改創。薛瑄主要論學著作——《讀書錄》、《讀書續錄》——也因為是零星的讀書筆記，難以冀望箇中有什麼較整全縝密的思想系統發生。但二書之中，因博學傾向而呈顯出的開放性，卻值得注意。雖然曹、薛二人對於理氣論都有頗為濃厚的興趣，他們對朱子的理氣關係，都提出了一點意見，但都不夠深入，無法造成實際上的影響。

　　第三節討論吳與弼，第四節討論胡居仁，最後一節討論陳獻章。康齋嚴於自檢自克，向外擴展的理論極少。敬齋將一貫工夫分論以判聖人和學者之學，他並且特別注重「敬」的觀念，以之為立大本的修持工夫。白沙之自得、自信有類於象山，然其宇宙與我的關係卻與象山不同。觀其一生所求在於此心與此理的湊泊，又將此湊泊完全歸諸於此心之見體立本，實大變於朱學，可說是將朱子心性曲折的結構潛在含具，化為直接的結構潛在含具。因而心性的關係不需再經過外在的窮格之功，心自可以在見體立本

之時，將此性此理收拾，然後將之應用於日用酬酢。此三人理氣論的興趣，不似曹、薛二人濃烈。然對於實踐主體的修持都非常注重。康齋重在克治己心，敬齋重在以敬持心，白沙則重在從靜坐中養心體之端倪。於三人之學中，可見出心概念受到特別的偏重與朱子格致理論的輕落。這明顯的點明了朱學的改變。

第四章，則對本文所做之研究作一簡單結論。

本書改撰自碩士論文。論文得以順利完成，要特別感謝我的指導教授古清美先生的督促。在撰寫期間，古老師一再與我商訂許多問題的細節，使我有機會察覺到自己立論不夠謹嚴之處。我也要特別感謝張亨先生和何佑森先生：張老師帶領我進入研究宋明理學之門，在研究所期間，也不斷給予我鼓勵、關注和思想上的啟迪；何老師則教導我如何以歷史的眼光去看待思想史上的問題，在為人處事方面更是對我訓勉有加。另外，徐聖心、周芳敏兩位同學熱心地與我討論部分論文，令人感激。我也要特別感謝內子雅婷。在論文撰寫期間，正是國事、家事紛紛擾擾之際，難以有一較長時段的思考空間，使得本文結構顯得較為零散。若不是內子雅婷暫時放下她的論文撰寫計劃，全心全力照顧我和可愛的孩子的生活，這零散恐將具化成片片破碎，那本文的完稿恐也只有在冥漠之中付之未定之天了。最後也要感謝學生書局盧、石兩位先生的協助，使本書得以順利出版。

初稿於 5.20.1990

改訂於11.1. 1991

於美麻州劍橋

朱子學與明初理學的發展

目　　錄

前　言 ……………………………………………………… I

目　錄 ……………………………………………………… I

第一章　朱子的理氣論 …………………………………… 1

第一節　論宋代理學的興起及其理氣論的建構……… 1

第二節　理氣關係 ……………………………………… 12

第三節　人物異同 ……………………………………… 29

第二章　朱子的心性說 …………………………………… 61

第一節　朱子「性即理」說意義 …………………… 61

第二節　心統性情 ……………………………………… 74

第三節　格物致知 ……………………………………… 88

第三章　明初理學的發展 ………………………………… 115

第一節　曹端 …………………………………………… 119

第二節　薛瑄 …………………………………………… 128

第三節　吳與弼 …………………………………… 140

第四節　胡居仁 …………………………………… 148

第五節　陳獻章 …………………………………… 160

第四章　結　　論 ………………………………… 177

參考書目 …………………………………………… 181

第一章　朱子的理氣論

　　本章共分三節：第一節敘述朱子理氣論所承繼的思想背景，分析儒、道、釋三家概略的理論形態，再從宋理學家反對釋老的觀點討論理氣論建構的兩個目的；第二節討論朱子理氣論的第一個目的——確立價值存有和個別存在的關係以證明世界的實存性；第三節則討論理氣論的另一個目的——即實踐價值的可能性的偏植，以說明人之所以爲唯一實現價值之創造者的原因，和惡的可能來源。

第一節　論宋代理學的興起及其理氣論的建構

陳榮捷對宋代理氣論（形而上學和宇宙論）的興起，有如下的看法：

> 宋代新儒家之所以發展一種新形而上學，主要爲佛老思想之批撥。爲應付佛氏之空與老氏之無爲。新儒家必須創建自身之宇宙論與形而上學。以是新儒家造作太極、理與氣等名詞。❶

陳先生指出理學家的創立與破解釋老思想的密切關係。將陳先生之說，揆之橫渠（張載，1020—1077）、二程（程顥，明道，1032—1085；程頤，伊川，1033—1107）三位理學奠基者反釋、老的態度及理論❷，應無差誤。如橫渠對於虛氣的構設即是一最

好的說明：

> 知虛空即氣，則有無、隱顯、神化、性命通一無二，顧聚
> 散、出入、形不形、能推本所從來，則深於《易》者也。
> 若謂虛能生氣，則虛無窮，氣有限，體用殊絕，入老氏「有
> 生於無」自然之論，不識所謂有無混一之常；若謂萬象爲
> 太虛中所見之物，則物與虛不相資，形自形，性自性，形性、
> 天人不相待而有，陷於浮屠以山河大地爲見病之說。❸

橫渠此處在正面敘述自己的論點後，馬上接著批判老、佛之說，
其理論構設的立破關係非常明顯。

　　這種立破關係，隱約含藏一種意向性，或可稱之爲理論意圖。
理論意圖時常先於理論完備之前而存在，而對理論構設的方向發
生影響。如橫渠、明道、朱子（朱熹，字元晦，1130—1200）三
人在完全肯定儒學所含蘊的人生眞理前，都曾出入釋老，尋找自
己的生命認同。在他們開始認同儒學之時，其本身理論應還只是
在發展的起點，然而其反對釋老的態度、意識卻已清楚地確立。
這種意向性使得宋理學家在構設自己理論時，預先決定了其理論
某些重要論點與佛老理論的對反性。這種後來理論對於其前理論
有意的反對，而且這種反對決定了其部分理論的方向，我稱這種
情形爲「對反構設」。如依陳先生所說宋理學家的新形而上學和
宇宙論是針對佛氏之空、老氏之無而造作，則造作之時宋儒所構
設的形而上學、宇宙論必定會避開空、無的概念，甚至會針對空、
無構設出富攻擊性的理論。在這種情形下與其認爲宋儒先立了自
己的論點，再因自己的論點與釋、老相異，而去批撥佛、老的論
點❹；不如說宋儒是用著「以破爲立」的方式一方面在破除佛、

老的論點，一方面在進行自己理論的構設。在這種以破爲立的過程當中，宋儒會有意地避開或反對釋老的觀點。這種對反構設的情形，在後起理論爲其前理論的反動時，特別突顯，亦爲我們了解理論與理論之間關係時，一重要的切入點。同樣的情形當然也會發生在不同的理學家相互間的批評，如朱子以橫渠的「氣有聚散」說爲同於佛家「輪迴」，故在朱子所構建的理氣論裡，就反對氣的聚散是迴環式的一再發生，（詳見第二節）。

　　本節即將宋儒理氣論視爲一與佛老思想對反的理論，特別強調其對反性，試著找出宋儒發展理氣論時的大方向。❺

　　在理學家之前在儒學的傳統中，即有反對釋老的聲音。這種反對只是站在傳統儒學立場，反對釋空、道無兩概念對儒家倫常所造成的破壞，並沒有發展出新的理論。就歷史事實來看，理學家之前的反佛老運動並沒有成功，則宋儒思有以新的角度，面對面地去瓦解佛、老理論，正是對儒學的新貢獻。而「反佛、老」這件事也是一窺宋理學與其前儒學異同的一個好觀點。下文即就此，一窺宋理學理氣論的承繼與開創。

　　唐朝韓愈的反佛，是宋前一較爲熟知的例子。在＜原道＞一文中，他提出第一個反佛、老的理由爲：

> 古之爲民者四，今之爲民者六。古之教者處其一，今之教者處其三。農之家一，而食粟之家六。工之家一，而用器之家六。
> 賈之家一，而資焉之家六。奈之何民不窮且盜也！❻

這是從儒家所關心的現實社會的民生問題來反對佛、老。接下來，在論述古之聖人和人類之所以留存的關聯後，他將聖人和君、師的觀念結合在一起，提出了第二個理由：

今其法曰：「必棄而君臣，去而父子，禁而相生養之道。」

今也欲治其心，而外天下國家，滅其天常：子焉而不父其

父，臣焉而不君其君，民焉而不事其事。

此則是從儒家所重視的倫常和社會地位次序來反佛批老。

韓愈的反對，完全是站在傳統儒家所肯定的價值的外在呈現
（倫常、民生經濟等）來反對佛、老❼。他提出解決佛、老問題
的方法，則是採用強制性的政治手段❽：

人其人，火其書，廬其居，明先王之道以道之，鰥寡孤獨

廢疾者，有養也。

韓愈對佛的攻擊，實不涉及儒、佛思想異同的問題。雖然他的觀
點可以說是一儒者的觀點，但同樣也可以說他是因於現實的政治
考量而反佛。❾而且他只想解除佛家社會、文化勢力興盛的現象，
而對於佛家之所以興盛卻未深入究查。

到了宋代，以傳統儒學來反對佛教理論的人仍不乏其人❿，
歐陽修就是其中較爲重要者。在他的＜本論＞中⓫，歐陽修反佛
的主要論點在於闡明儒家之禮義，以之爲儒家之本。另外也說明
了佛家在當時所以昌盛的原因，其實是儒家自身政教的衰頹。並
認爲要解決佛家所造成的禍患，「火其書而廬其居」並不是正確
的方法；除了他所提出來的方法——修其本以勝之——之外，若
想用其他方法，都可能造成「力未及施，言未及出，計未及行，
而先已陷於禍敗矣」。因而他強調只有他的方法是「合乎自然之
勢」，雖有迂緩之嫌，但除此皆不可爲。

＜本論＞放棄了韓愈以政治力量來解決文化思想問題的觀點
⓬，可以算是一大進步；並且他已經開始反省佛教興盛的原因，

並將之歸因於儒家政教衰敗。然而在積極方面，歐陽修也提不出什麼較爲具體的方式來面對佛家思想對儒學所造成的文化壓力。這都因爲他只看到儒家政、教之病，卻未嘗對儒家學說的理論缺點有眞切的認識而思有所補救。

韓、歐的反佛，並未涉及新理論的興構（即上所說新的形而上學與宇宙論）；而他們的失敗，也正說明了儒學舊傳統的不足。這種不足，一直要到理學的興起，才使儒學灌注了新的生命力，改變了儒學在對抗佛學的局面中一直處於被動的劣勢。

這種新的生命力，無疑是吸收了部分佛、老思考與論述的方式而產生。這種吸納的成果使得儒學開拓了另一境地，以另一種新的姿態出現在中國思想史之中。以下即完略地點出儒學這一新舊傳統交替時背後理論規模的變化，和說明佛氏之空、道氏之無對儒學新傳統興起的影響。

「佛氏之空」與「老氏之無」在釋老各自的體系裡，不但是釋老之徒所期盼的修養境界，也是其思想體系對於整個宇宙（世界）一種相應的構設。而這兩種構設都直接或間接粉碎宋前儒學的入世精神和道德價值呈顯的背後預設。

自秦以降，宋以前的儒學可說是一論事的傳統。在這傳統裡，儒學的表現主要分爲兩支，一是明經致用講求、體踐治道的儒者，一是言訓詁、究經義的儒生。偶而也有揚雄、王通這類擬續經書的議論儒❸。三者行爲的對象不是實事就是文字，皆爲客觀外在的事物。這傳統可以溯源自先秦儒孔、孟、荀三家。孔子尚禮重仁，禮難離事，而且以事言仁；孟子言王道、昌仁政、論史事，其道性善則以事見端、以端發事❹；荀子則特注重禮義、從一完

善的社會群體生活去定義「善」，其理想的完美人格必須盡倫盡制，這些也都不脫離事的範圍。在這傳統中，對於儒家價值的追求不能離開「事」而獨立完成❻。

　　整個論事傳統的理論規模，可簡略以下面圖式表示：

價值

己的存在—————→他人的存在、物的存在

（主體）　　**事**　　　　　（客體）

從這圖式可以看出此一傳統在肯定於事中所完成的價值的同時，也必須肯定：一、主、客體的存在；二、主體能使與客體有所交涉的事趨向價值的體現的能力也是被肯定的❻；三、因只有人才能出現在上述理論模式中主體的位置，這模式也肯定了人是唯一價值實踐者的地位，亦即肯定人、物的差別。而且在價值被實現的過程中往往關涉到客體的改變，這種改變是肇因於主體。如說人之作為一主體是因他能依自己的意志產生動作加之於客體以使客體產生變化；則從上面的圖式中，可以發現人的主體能力的展現與價值的完成是同向同時的關係。

　　道家的無，並不反對上述儒家理論模式中，人、物的存在；卻反對人是唯一的價值背負者的觀點。道家的理論，試以下面的圖式簡略表示，以對顯出其與宋前儒學理論的差異：

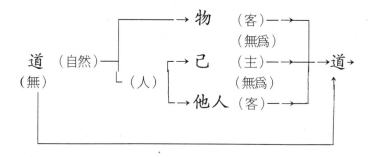

在上圖中，道下的「無」是道的形容而不是對道的存有否定，❶
這使「老氏之無」和「釋氏之空」有著很重要的差別。道家「道」
的觀念，不但是一有作用的存有本體，而且是價值根源之所出。
在它生成這個世界以為自己之呈現時，也各別地賦與了人、物趨
隨於它的能力。在這種趨隨中，人和物共同呈現出一個世界、一
種境界——道的境界。人作為一個主體（己）的主體能力（將自
己之意志化為行動加之於客體），在這架構下，成了會破壞道之
展現的唯一可能。❶因此就道的實現來講，人的主體能力是一負
面的東西。故在道家主體能力的負面展現（或說以自我否定的方
式實踐）即是主體成就價值的唯一方式❶。故爾，上圖「己」和
「他人」、「物」之間的關係就是「無為」；因著「無為」，人
能使己、他人、物一起自然地開展歸向於道，而成為一種實踐價
值的方式。

　　於上兩圖式稍作解明後，則道家理論與宋前儒學之異同，可
得而論。兩家之異在於道家的價值系統，為一在人、物之上的道

的觀念所籠照，就一主體而言，在他欲展現價值時，必須歸源於
道。就此而論，他和客體之間的關係是不聯貫的、疏離的；而儒
家之主體在展現價值時，和他人與物的關係是直接的、涉入的。
因此對儒家來說，道家重自然輕人為，過於消極；而對道家來說，
儒家之積極涉世、種種造作正是道之不行的禍因。因此，無論經
術、經義皆非道家之所重。然而道家之「道」的自然展現所達至
的人、物世界，卻也可能有一部分和儒者所欲實現的理想世界相
符。因此，在儒家的經典《禮記》＜禮運＞篇中，所描繪的人無
相賊害之心的世界和＜中庸＞「萬物並育而不相害，道並行而不
相悖」的理想，同樣也可為道家所認可❷。儒、道之同，也使得
後來宋儒在攻擊佛、老時，抱持不同的態度❷。

　　佛氏之空與儒學的差異比起道家之無則有不同。「空」指各
別存在事物皆為因緣相合而生，如夢幻泡影，並非真實；要將人
生的一些理想、價值建築在這些萬有之表象上（萬有即是表象），
更是幻妄中的幻妄。因此佛家人盡解脫的終極理想，固然也可說
是一種價值的表現；但此價值表現事實上是對現實世界的否定，
這種否定破壞了在現世成就呈顯價值的儒家理論。而萬有皆空也
否定了儒學所肯定的各種個別存在物之存在和其間相互關係的預
設❷。這種對此世能否呈現價值和對世界存在的否定，一點也不
能和儒學有交融的可能；而其在文化上、社會上的得勢，自然也
就大大打擊了儒家所欲建立的人生價值與社會境況。

　　面對佛、老二家思想的興盛，宋理學家欲在理論上與之抗衡，
必須就佛、老對宋前儒學所提出的挑戰有所回應。從上文的敘述，
可知佛、老對儒家的舊價值系統並未直接加以攻擊，而是在理論

上，提出另一層次的東西——「形而上學」與「宇宙論」，並由此展現出不同的理論形態，從另外的方向暴顯出宋前儒學的不足。因而，其價值體系的實現固和宋前儒學所肯認的有所差異，但理論上，它們有不相交涉的地方，所以如果欲用宋前儒學的理論規模與之抗衡可能有不對題的地方。「新的形而上學、宇宙論」的興起，從此觀點來講，也就是必要的。

　　濂溪（周敦頤，1017—1073）、橫渠、明道、伊川，四人可以說是理學的奠基者。從四人理論的共通處，可以了解宋理學的基本理論形態為何。就形而學與宇宙論來講，四人理論之共通處可從兩方面來說：一、皆認為人物的存在來自同一個源頭，而且此作為各別存在物之存有源頭亦為一道德價值的根源；二、皆認為人與物不同，而人要靈於物，由此，從價值源頭殊化到各個各別的價值根源對人對物就有不同的意義❷。第一點共通處，聯接綜合了存在、存有、價值三個概念，予佛氏之空一理論上的反駁；但若僅只於此，尚難以辨明儒、道之異❷。第二點共通處，突顯出人在萬物的地位，確立了人的主體性與道德最後源頭的特殊關係（相對於物言）；這打破了老氏之無，轉消極為積極，而與宋以前乃至孔、孟的儒家理論有了接合點。前者確立了物的客觀存在的價值，亦是確立了物的主體性，證成了成德問題中的客觀理據；後者肯定了人之所以為一特殊存在的意義，也決定人在一生的過程中應有的生命進向，予「修德」一宇宙論上的說明。兩者開拓、加深了儒家學說的寬度、深度，使儒學的理論進入了另一個精微的世界、展現出另一形態的新生命，這即是宋明理學的產生。

由周、張、二程的共通處來看，論理傳統的理論規模可以簡略圖式如下：

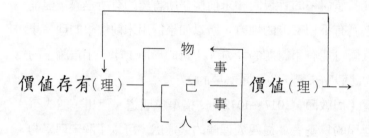

在上圖，雖然人的行爲價值仍在事中表現，然此所表現的價值都可被回溯至最初的價值存有。價值不再是在個別情境被創造，而是永存的最終實有的呈顯。在上述模式中，也可以看出宋理學家以類似於道家的「存有／存在」模式來對抗佛家緣起本體空㉕；又於宇宙論中，論人與物之不齊，確定一實踐之主體，以和道家無分於主客、齊等萬物的理論取向相抗。而主（己）之於客（人、物）之關係，猶如在宋前儒學之關係。

到了南宋，朱子的出現，無論在理論內容、理論架構、前人理論的闡釋與運用、道統的建立和文獻的整理，都可稱得上是北宋理學之「集大成」者㉖。他將上面所說的簡單理論模式發揮到極詳盡周密的地步，然而也避免不了上述理論模式所含具的一些問題，那就是宋前儒學與理學的差別和理學本身的理論問題。

從儒學發展史的角度來看，理學的興起並不是要掀覆或取代其前的儒學而是要證成之。然而宋前儒學的理論模式又確乎和理學的理論模式有所不同㉗。表面上看來，理學不過只是在宋前儒學的理論模式中填加了一些其他的理論內容。然而，若把重

點放在「價值」這觀點上，情形就不同了。宋前儒學所肯定的價值之完成、呈現，直指向客體的改變，當然價值之完成也回向主體這方面❷，但無論如何，價值無法從主體和客體兩觀念再延伸出去。理學的理論模式，在主體對客體行動時，不能再只是憑著一己之「善的情感」❷，而必須在此行動之前，對於主體和價值存有的關係有進一步肯定與認識，此肯認的過程亦必視為一種價值的行為，而這種肯認是可以不涉及客體而發生的。至於加於客體的行為，固然如宋前儒學般也含有價值的觀念；但要對這價值的肯定予以解釋，卻必須從主、客體和價值存有的關係加以闡明❸，於是「價值」必須指向於「存有」才能得到完滿的解答。和論事傳統比較起來，論理傳統的價值是一種呈現，而論事傳統的價值是一種建立❸。與宋前儒學的不同並不造成理學內部理論的矛盾。但既然理學家聲稱其學完全接承自先秦儒學，則終難免於清儒考證學者以子之矛攻子之盾，以理學家之所宗來攻擊理學家。但是「價值」和「存有」之間的關係則是理學本身必須面對的內部理論問題。

在先秦儒學裡，價值原只是「人的存在」的問題，人有完成價值的能力，卻沒有什麼在人之外的根據再去說明價值的完成，人即是最後的動力與原因。但面對佛、老的挑戰，儒學的理論範圍不得不擴大；而理論範圍的擴大，雖含攝了原來的理論模式，卻也因「整個」理論模式有了改變，使得原來的理論模式在「整個」系統中看起來顯得不再那麼重要。

儒學到了宋代的轉變，應用了道家式的宇宙本體論去論證自己的價值體系。但落到個人修德時，道家迴歸式的修道，依儒學

的觀點，總帶有消極的意味；而價值的體現在道家可說是主體的
自我否定，在儒家卻是主體的肯定。這矛盾在宋儒中，是一理論
內部的問題，也是宋儒理氣論必須面對的一個問題。朱子的理氣
論也迴避不了這個問題，而其理論更因注重經驗現象的說明和本
身邏輯的完整，就顯得更加繁複錯綜，若不細細析繹，箇中的表
面矛盾都不易得到較圓滿的解答。

第二節　理氣關係

　　佛學對儒學造成的影響，與其說是直接的衝擊，不如說是間
接的破壞。因為佛學出世的傾向是建立在對世界的存在及世界作
為一價值場境的懷疑上，並非直接反對儒學所肯認的價值系統。
❸這種間接的破壞，造成儒學強調的道德價值的場境發生動搖。
儒學欲對其所造成的影響有所抗衡，若採取價值立場不同的方式
直接對抗，總有不對題之嫌，所以也只有「間接」為其價值場境
提出實存性的說明。

　　如前節所言，北宋諸儒所提出的對抗理論模式，是將萬物的
存在關聯於一最初存有的本體，以「生生」來解釋其中的關係（和
緣起相對），形成儒家的價值存有宇宙論。朱子在繼承北宋的價
值存有宇宙論後提出自己的理氣論，以「理」的實存和萬物皆具
理的「存有／存在」關係，對抗佛家緣起性空的說法；再以理
氣關係說明氣的變化雖使萬物有流變生滅的現象，但不影響到萬
物的實存性。這裡承認了佛家所觀察到的現象──流變生滅，但
對於此現象的解釋則有不同。佛家將這種現象解釋為空無的幻象，

而朱子則將此現象解釋成宇宙本體生生的表現。

在朱子的宇宙論中，從宇宙的生成直到人的道德行為，有著一連串複雜的構思。在這整個過程中，「理」的概念以不同的面貌隨時浮現，成為朱子整個思想體系的中心之一。而相對於理來說，朱子以較不強調氣的重要性。然而，朱子「理」的概念，是伴隨著「氣」的概念構設而成。在重要性上，或可說理要比氣來得重要❸❸；而在理論的構設上，則理、氣的概念相互足成，對朱子理論的解釋力而言皆不可或缺。因而，本節除分別論述理、氣的概念外，更偏重於理、氣關係的探討。

在朱子理氣論所構成的世界過程中，朱子思想中理的發展❸❹，可依世界形成的時序，分成三步：

一、在氣之先「而能」生氣之理。

二、在氣之中與氣不離不雜、乘氣之機以動靜之理。

三、氣具為形，理亦賦於形質之中而為人物之性之理。

而依理所含具的內容分，則理可粗分為四類：

一、物理（在物之理）、性理（在人之理或在心之理）；❸❺

二、事理；

三、所以然不可易之理和當然不容已之理。

前者所涉及者可說是理氣之理，後者則是性理之理❸❻；一重在價值存有宇宙論的建立，一重在心性修養工夫的建構。性理之理留待第二章第一節討論。本節偏重在宇宙程序中理氣關係的討論。

朱子雖然反對釋氏輪迴之說，然而其世界也有生滅（理則無生滅）：

> 問：「自開闢以來，至今未萬年，不知已前如何？」曰：
> 「已前亦須如此一番明白來。」又問：「天地會壞否？」
> 曰：「不會壞。只是相將人無道極了，便一齊打合，混沌
> 一番，人物都盡，又重新起。」（《朱子語類》，7）❸❼

「又重新起」說明在時序上，現存的世界可能不是唯一的世界。
「亦須如此一番明白來」，則說明出現在時序上的許多個別的世
界中有一些相同的地方。而造成這些個別世界相同的就是「理」。
《語類》：

> 徐問：「天地未判時，下面許多都已有否？」曰：「只是
> 都有此理，天地生物千萬年，古今只不離許多物。」(4)

而理能使得這些個別世界維持一些相同的地方，證明了它能不隨
著這世界的散滅而散滅。《語類》卷一：

> 且如萬一山河大地都陷了，畢竟理卻只在這裡。(4)

世界不管處於什麼狀況，理都是存在的。這些資料說明了理的兩
個特性：一、理的存在狀況不會因氣而改變；二、理限制世界的
發展朝一定的方向形成，故說「古今不離許多物」。

理的存在，也保證了氣的存在（或出現）：

> 有是理後生是氣。（《語類》，2）

> 有是理便有是氣。（《語類》，2）

而理、氣的並存，才能解解釋世界（天地萬物）的構成：

> 有此理，便有此天地；若無此理，便亦無天地，無人無物，
> 都無該載了！有理，便有氣流行，發育萬物。（《語類》，
> 1—2）

朱子的宇宙論到此可以粗略地看出。理的長存，並不因氣的

變化而變化。而理、氣的互存，則說明了世界的產生。

朱子的宇宙程序既如上述，可以簡單圖式如下：

……→ 理 → 理、氣 → 理、氣 → 理、氣 → 理 →……
（混沌）　　　　　　（天地）　（天地萬物）　（混沌）
　1　　　　2　　　　3　　　　4　　　　1

第一階段表示「有是理後生是氣」，第二階段表示「理氣不離不雜」，第三階段表示理氣合而為天地，第四階段則表示天地生萬物，再下去又回復到第一階段「天地打合，又一番混沌」。在各個階段，理都是存在的，而氣則否。然而在理獨存的時候，朱子一方面用「混沌」一詞去形容，在《語類》卷一則又以「清淨空闊的世界」形容理，似乎不同，如何去解釋這個問題？另從這個圖式當中，還可以提出一些問題：

一、理氣是一是二？

二、理是否在氣先？

三、理是否能生氣？

四、在不同的世界程序階段中的理氣關係是否相同？

這些問題相互關聯，但為了清楚起見，下文將分別討論。

朱子對這些問題的解答，一方面就自我態度的表達而言固然清晰，另一方面其解答的內容卻也令人覺得間接而模糊。因此在討論這些問題時，除了確定朱子回答內容的確切意義之外，也應該對其理論所欲達成的目的作進一步的探討。

在朱子的思想體系中，理氣決是二物，《朱文公文集》（以下簡稱為《文集》）卷四六＜答劉叔文＞一：

> 所謂理與氣，此決是二物。但在物上看，則二物渾淪不可
> 分開各在一處，然不害二物之各爲一物也。(802)❸

在《語類》卷一，朱子更就理與氣不同的性質加以描述：

> 蓋氣則能凝結造作，理卻無情意、無計度、無造作。只此
> 氣凝聚處，理便在其中。且如天地間人物草木禽獸，其生
> 也，莫不有種，定不會無種子白地生出一箇物事，這箇都
> 是氣。若理，則只是箇淨潔空闊底世界，無形跡，他卻不
> 會造作；氣則能醞釀凝聚生物也。但有此氣，則理便在其
> 中。(3)

在這一段問答中，朱子給予理、氣完全不同的性質描述，我們也
無法在朱子其他的觀念之間找到一個能統合理、氣義涵的概念，
這就是朱子所說的「理氣不雜」。

那麼朱子是否接受這世界的存在是由「兩個」東西所構成的
呢？我想也不盡然，雖然理、氣絕是二物，但若說朱子認爲這世
界的造成是「兩」的結果，想必朱子未必就能肯認。所以他也一
再強調「理氣不離」。即＜答劉叔文＞中所說的「在物上看，則
二物渾淪不可分開各在一處」。「不可分開在一處」是一種空間
關係描述，亦即就物的存在看，可說理氣是一，然而這種一卻不
是同一，而只是在空間上無法分離的一。這種不可分性對於理或
氣來說都是一種限制，這種限制在朱子思想中是重要的，在第二
章的心性關係中，還會談到性與心也有類似於理與氣的這種關係。

除了同一和空間關係的不離外，理氣是否有所謂的統屬關係
的一？所謂的統屬可從「決定」或「起源」來說。如果理能決定
氣，可以說即使理、氣是二物，不妨礙其中有所謂的一；另外起

源的問題，也和理氣是一是二有關。從上面的圖式中，可以見到
理、氣循環的開始是開始於單獨理的混沌，如果這種單獨可以成
立，則氣的產生勢必不得不歸因於理，　亦即理氣關係在某一程
序中是「理生氣」的關係。

　　如果說「理能生氣」，則理必然先於氣。然而在《語類》中，
卻很難確定朱子對「理是否先於氣」的眞正態度。

　　在討論「理先於氣」的問題前，對於「先」的意義必須先有
所說明。大體來說，近代學者在討論朱子「理先於氣」的概念時，
認爲「先」可有的兩個含義：一是指時序上的先（亦即宇宙創生
過程的先後）；一是指理序上的先（亦即邏輯上的先後、形而上
形而下之分的先後或存有與存有者的先後），而理序上的先通常
意涵理不在時序上先於氣（亦即沒有宇宙論先後的關係）。除了
這兩種「先」的意義外，由古代文獻中，還可以發現「先」有本
（本末的本）和重（輕重的重）兩種可以互相引申的意義。前兩
義和理論內容有關，後兩義則和整個思想型態較偏重理有關。

　　大陸學者陳來，對於朱子思想有極細密的研究，以下即先引
他對「理氣先後」這問題的結論作爲本文討論此問題的起點：

　　　　從橫的方面看，朱熹對理氣是否有先後的討論可分爲論本
　　　　源與論構成兩個不同問題。這種不同的討論角度導致朱熹
　　　　在理氣關係上的一些不同説法。應當注意把朱熹論構成方
　　　　面的説法與論本源問題區別開來。從縱的方面看，朱熹的
　　　　理氣先後思想經歷了一個發展演變的過程。早年他從理本
　　　　論出發，主張理氣無先後。理在氣先的思想由南康之後經
　　　　朱陳之辯到朱陸太極之辯逐步形成。理能生氣曾經是他們

的理先氣後思想的一個內容。而他晚年定論是邏輯在先，
邏輯在先說是在更高的形態上返回本體論思想，是一個否
定之否定。當然，這個發展和演變的過程并不是對立面的
演進和交替，在本質上，是以不同的形式確認理對於氣的
第一性地位。❸⁹

所謂「橫的方面」的不同看法，即他在此結論前引《文集》卷五
九＜答趙致道＞一：

> 若論本原，即有理然後有氣，故理不可以偏全論；若論稟
> 賦，則有是氣而後理隨以具，故有是氣則有是理。(1087)

認爲：

> 從本源上說理先而氣後，從構成上說理隨氣而具。…朱熹
> 在論述理氣關係時常常并不具體地說明所指是本源還是構
> 成的問題，而《語類》的片斷記載也往往略去了問題的前
> 後聯繫。❹⁰

所謂「縱的方面」，則是陳先生認爲朱子對於「理是否先於
氣」有一時序上的發展，從「理本論」的「理氣無先後」❹¹，再
到「理在氣先」（理能生氣），最後是朱子對這問題的晚年定論
——邏輯在先論。

陳先生以年代先後將資料加以排比、分析，使朱子對這問題
的意見很清晰地呈現在我們面前。然而，他所下的結論卻是「這
個發展和演變的過程并不是對立面的演進和交替，在本質上，是
以不同的形式確認理對氣的第一性地位」。若果如此，則朱子這
些說法在目的意向上彼此之間並不矛盾。但若將些看法平舖來看，
問題顯然不是如此簡單。

　　首先對於陳先生所謂「橫的方面」來看，對照上文的宇宙程序圖式來看，就可以看出「一個」世界的開端，是理（混沌）時期，如果這裡的「混沌」是虛說，亦即「混沌」只是此時理獨處的描述語，而非天地打合以後，氣的另一種存在狀態，那在朱子的宇宙論中確有一段理先於氣的時期。而在以後的階段裡，一直到天地再次打合之前，理氣都是並存的，尤其這個當下的世界（天地萬物），更無法在理氣分離的情形下產生。所以就這世界的「構成」來說，理氣絕無法分先後。本源論和構成論並不矛盾，然而單就「理先於氣」這問題來說，對這世界的產生時序來說，的確理是先於氣。

　　至於縱的方面，「理氣無先後」和「邏輯在先論」是一致的，然而如何解決這兩種主張和「理在氣先」的矛盾？即使朱子對於此問題真的有這種發展，那從客觀理論研究的方面，我們可以認同他的晚年定論嗎？又如何解決在「橫的方面」理先於氣的理據問題？

　　本文認為朱子對於「理先於氣」這問題立場之所以不能歸一，原因在於：一、他對「理」的內容的設想過於廣泛與模糊，對於朱子來說理到底是什麼是個很難回答的問題，而且在他的宇宙論中，理氣關係有著重疊性（見下文），也使得理氣關係更難被解明；❷二、對於非常注重經驗實據的朱子來說，任何現存的人既然都已在當下的世界中，他們無法去經驗一整個循環的世界創生歷程，則對這問題都有一經驗認識上的盲點。❸

　　在朱子和其弟子的問答中，可以看出他態度的為難：

　　　　或問先有理後有氣之說。曰：「不消如此說。而今知得他

> 合下是先有理後有氣邪？後有理先有氣邪？皆不可得而推
> 究。然以意度之，則疑此氣是依傍這理行。及此氣之聚，
> 則理亦在焉。…只此氣凝聚處，理便在其中。…但有此氣，
> 則理便在其中。」（《語類》，3）

「不可得而推究」這是朱子肯定他認爲人對於「理先於氣」這一
問題有一認識上的盲點。然而這種認識上的盲點之所以形成，是
因爲「理先於氣」這一問題的發生已在朱子的生存時間之外、或
在每一個未曾經歷過完整的宇宙創生過程者的生存時間之外。這
盲點的形成，不是人的認識能力的不足，而是對象的關係。然而，
因爲肯定宇宙之創生、存在爲一過程，過程意味著連續，因著這
連續，人雖不能確認「理先於氣」的問題，卻可以「以意度之」。
而以意度之的結果是「此氣是依傍這理行」、「只此氣凝聚處，理
便在其中」、「但有此氣，則理便在其中」，這些言語巧妙地避
免正面去回答「理先於氣」的問題，而將一存在先後的問題轉爲
一種關係性的解釋。「此氣依傍這理行」，說明了氣的活動（行）
遵循著理；「只此氣凝聚處，理便在其中」，「但有此氣，則理
便在其中」則說明理在氣中的情形。

再看《語類》另一段有關於這問題的討論：

> 問：「先有理，抑先有氣？」曰：「理未嘗離乎氣。然理
> 形而上者，氣形而下者。自形而上下言，豈無先後！理無
> 形，氣便粗，有渣滓。」(3)

朱子的回答回護了上一條資料的「氣不離於理」，而說「理未嘗
離乎氣」。又自「形而上下」，說明了「理先氣後」——「理無
形，氣便粗，有渣滓」。爲什麼「理無形，氣便粗」能說明「理

先氣後」呢？如果眞的是「理先氣後」爲什麼又認爲理氣不能相
離？

　　朱子認爲宇宙萬物的存在，是一經過氣凝聚的結果，故「理
無形，氣便粗，有渣滓」，此一性質的說明，和存有的先後相關。
而「理氣不離」和「理先於氣」在此可以並立，然可並立的原因，
卻是因爲，它們是對於宇宙時程中不同時段的理氣關係的描述。
《語類》：

> 問：「昨謂『未有天地之先，畢竟是先有理』，如何？」
> 曰：「未有天地之先，畢竟也只是理。有此理，便有此天
> 　地；若無此理，便亦無天地、無人無物，都無該載了！有
> 　理，便有氣流行，發育萬物。」(1—2，1)

「天地」一向被認爲是「氣」的具體代稱，從「有此理，便有此
天地」和「有理，便有氣流行」這種類似句法中，可以看出這點。
❹「未有天地之先，畢竟是先有理」，可以說是朱子「理先於氣」
的定論。然而在「既有天地之後」，則理氣不離，不可以先後說，
所謂：

> 天下未有無理之氣，亦未有無氣之理。【氣以成形，而理
> 亦賦焉。】(《語類》，2：【 】表原注，下同)

陳先生所謂的本源論，即我所說的在「世界」創造之前的理氣關
係；而其所謂的構成論，即我所說的在「世界」創造之後的理氣
關係。至於陳先生指出的縱的變化，我認爲不必特別強調，因爲
所謂的邏輯在先說，和時序在先說衝突性不大，而且能被消解在
本源、構成分論的情況當中。而且朱子反對橫渠的虛氣理論，認
爲橫渠所說不脫釋家的「輪迴」，因此在反對「氣有聚散屈伸」

的情況之下，朱子又將「理能生氣」這命題含括在其理氣論當中。這又使得「理先於氣」的命題必須被肯認。

另外，可以從理論意向去討論朱子「理先於氣」的問題。如上面提到陳先生所說「確認理對於氣的第一性地位」就可以說是一種理論意圖。但朱子為什麼要肯定理對氣的第一性地位呢？

如同上一節所說，理氣論被提出是要肯定「存有／存在」以肯定價值，因此避免不了「世界生成」的問題。對於儒家來說，其強調的價值實是「在這世界之中」而不在這世界之外，因此能說明這世界的存在的真實，應即足以解決其價值場境的問題。然而朱子的學生在上述問答中，更追溯到「世界生成」以前的事❹，實非朱子的理論意向所欲解決的問題；而不解決這問題，實也無妨他理論意向的完成。甚至，不解決也不會造成其理論完整性的缺陷❹。這也是朱子對這問題所表現出的態度之所以如此游移的原因——解決了這問題並無助於其心性論的建立。

然而理論上的關聯不一定直接，卻因其延伸性而可能產生間接的關係。朱子理氣論反對佛家「本體空—緣起」的理論中心實在是在理而不是在氣，故而在「理先於氣」此一命題上，即使有著經驗認識上的盲點，朱子卻不秉持「不知寧闕」的態度，而要推出「未有天地之先，畢竟是先有理」。《語類》卷一：

> 有是理便有是氣，但理是本，而今且從理上說氣。(2)

「從理上說氣」，正可表明朱子的態度。氣之變化，正好針對佛家的緣起論予以一消極性的抵禦，然而要說明氣所成之萬物流變不是緣起之空，卻須由理的存在才能予以積極說明。

朱子對橫渠虛氣散聚的批評也與此有關。《正蒙》＜太和篇＞：

氣之爲物，散入無形，適得吾體；聚爲有象，不失吾常。
太虛不能無氣，氣不能不聚而爲萬物，萬物不能不散而爲
太虛。循是出入，是皆不得已而然也。

張載以氣的聚散解釋吾人經驗中物的生滅。朱子反對張載的說法，
認爲張說與佛氏輪迴說似異實同：

橫渠闢釋氏輪回之說。然其說聚散屈伸處，其弊卻是大輪
回。蓋釋氏是箇箇各自輪回，橫渠是一發和了，依舊一大
輪回。（《語類》，2537）橫渠說「形潰反原」，以爲人生
得此箇物事，既死，此箇物事卻復歸大原去，又別從裡面
抽出來生人。如一塊黃泥，既把來做箇彈子了，卻依前歸
一塊裡面去，又做箇彈子出來。伊川便說是「不必以既屈
之氣爲方伸之氣」。…伊川之說爲是。蓋人死則氣散；其
生也，又是從大原裡面發出來。（《語類》，3032）

蓋佛氏之說輪回，被儒者認爲是以生死怖人，而且即是佛學自私
自利之證，故爲理學家所斥。

張說與佛氏輪回說之異同，在此不論。但朱子爲不入張氏氣
有聚散的說法，於是主張「氣散即滅」、「既往之氣不能爲方生
之氣」。《語類》：

可幾問：「大鈞播物，還是一去便休，也還有去而復來之
理？」曰：「一去便休耳，豈有散而復聚之氣！」(8)
已散者不復聚。釋氏卻謂人死爲鬼，鬼復爲人。如此，則
天地間常只是許多人來來去去，更不由造化生生，必無是
理。(37)

輪回說不但以生死怖人，而且還和儒家生生之旨相違。朱子甚至

因此推論出人的生死和氣的多寡的關係：

> 死生有命，當初稟得氣時便定了，便是天地造化只有許多
> 氣，能保之亦可延。(43)

> 人呼氣時，腹卻脹；吸氣時，腹卻厭。論來，呼而腹厭，
> 吸而腹脹，乃是。今若此者，蓋呼氣時，此一口氣雖出，
> 第二口氣復生，故其腹脹；及吸氣時，其所生之氣又從裡
> 趕出，故其腹卻厭。大凡人生至死，其氣只管出，出盡便
> 死。(8)

這是一個個人的死生過程。依此而推，則物物皆有盡時。物盡則
氣散，那世界是否也可能因氣散而滅？一方面就已凝聚之物自有
生生的能力而言，這世界似乎不可能有滅盡之一日，朱子也認為
人死若要說氣未散，只能說是因為「只是他有子孫在，便是不可
謂之無。」❹。另一方面，朱子的宇宙又是會滅的，因為他曾說：
「萬一山河大地都陷了，畢竟理卻只在這裡。」❹而眼前世界的
毀滅的原因，就只好歸因於人的墮落違道：

> 問：「自開闢以來，至今未萬年，不知已前如何？」曰：
> 「已前亦須如此一番明白來。」又問：「天地會壞否？」
> 曰：「不會壞。只是相將人無道極了，便一齊打合，混沌
> 一番，人物都盡，又重新起。」（《語類》，7）

這裡朱子本身似乎受了康節「元會運世」的影響，認為宇宙的發
展有一定的趨勢──毀滅與墮落的趨勢。❹而且朱子在這客觀的
世運轉移當中，加入了一道德決定因素──「人無道極了」，這
使得朱子的宇宙論陷入了另一種形式的輪回：理→理生氣→理氣
和合生天地萬物→天地崩陷理獨存→理生氣。只是這種輪回中間

有物滅盡的斷層，和人死後的再生無關。❺⓪比起橫渠，朱子更是一大輪迴。若只就否定佛家所說輪迴的目的來說，則橫渠的氣聚散說實可以和朱子達到相同的效果。因氣散歸入太虛，再聚而爲人物時，實已無主體的延續，故亦無輪迴報應的意味。

　　對於「理是否能生氣」，朱子實處在一個兩難的情況。若要承認理能生氣，則此「生」在何意義下，可以和理「無情意、無計度、無造作」的性質描述相符？陳來認爲「生」可以有兩種解釋：

> 一種是理可產生氣，另一種是把「生」解釋爲「使之生」，…對于語錄的口語性質來說，第二種解釋似無必要。實際上這兩種解釋對于論宇宙的究極本源來說差別不大。·那麼說氣從理中產生，或理使氣從虛空中產生，兩種說法便無很大差別。❺①

單從氣的存在來說，「產生」或「使之生」兩種意義或許差別不大，但若要就理論的整體性來說，兩種意義卻不可不加分別。

　　若理有「無情意、無計度、無造作」等性質，則「產生」的意義顯然不符的這些性質描述。若言理是「使氣生」，而不直接產生氣，則理似可維持上所說的性質描述。然而若進一步問「使氣生」是什麼意思，會發現情況並沒有什麼改變。如果說理使氣生不需要其他的附屬條件，即理的存在爲氣的發生的唯一因，則理使氣生和理產生氣如陳先生所說，無多大差別，皆是理能生氣。如果說理使氣生時，理不是唯一因，那可以進一步追問理使氣生還需要什麼其他的因素？在朱子的思想中，似乎找不出這「其他的因素」。如果說根本沒有其他因素的涉入，而理仍然可以不直

接和氣有交涉而使氣生的話，則氣之生只好歸諸於氣之自生自滅。氣既然能自生自滅，則方其滅時其實不滅，否則滅便無氣，又焉能使其自生。這樣就又走回張載氣聚散說的老路子。

上述的討論可以引導我們再回到我所構設的朱子理氣論中的宇宙行程，如此對朱子理氣論的把握應可更加完整。

在上文的宇宙圖式中，我簡單地將朱子宇宙論分成四個階段。我根據什麼將朱子的宇宙論分成四個行程？從圖式本身可以見出一個基本的分判是建立在某些物的有無，亦即這些物在宇宙行程中的存在與否。而在這些有不同存在物內容的不同階段裡，理氣的關係是什麼？各個階段的理氣關係又有何不同？

第一個階段，牽涉到的理氣關係，是上文所說的「理先於氣」與「理生氣」的問題。雖然這兩種關係在朱子的思想體系下，不容易確定其正確與否，然而這並不妨礙將之視爲一階段而和第二階段有別。在第二階段，則理氣並存，而有不雜不離的關係。理氣關係的清晰度顯然和第一階段的混沌有別。

第二階段的確立卻是由第三階段往前推的結果。第一階段可能是理獨自存在的世界，而在朱子思想裡「天地」亦物，❷由理到物一定必須有氣的涉入，否則物不可能產生。故而在一、三階段裡需有第二階段的存在。在第二階段裡，理氣的關係爲何？在物產生後的不離不雜的關係是否也在此時存在？答案是肯定的。從上文所引有關於理氣先後的《語類》資料可以見出此點。因而在「物」中的理氣不相雜離的關係實是上一階段理氣關係的延續。而更值得重視的是這種「不離不雜」和「創生」天地的關係。

「創生」和「生生」被宋儒當著一種價值在闡揚著。則這一

階段的價值創生該歸因於理或氣呢？如果天地之生成，氣只是被當作一種原料被理應用、加工，則理的決定是價值創生的主動因，價值和理的關係也是直接關聯的。然而理生氣後既管束氣不得，則氣在創生價值中所扮演的角色就不得不特加重視。❸

如果順著朱子的經驗思緒來作推論，人唯一能確定其對宇宙的認識是第四階段。第三階段可以根據第四階段來作推論，或說第三階段是第四階段的一部分（見下論理氣關係的積累性）。而第二階段也可以從第三階段上推，卻已是我們無法經驗的事實。而「天地被創生」是對第二階段結果的唯一經驗推論事實──天地的存在。因此第二階段的「表現」──天地被創生，就其和現存世界的關係而論是「完全地」合乎價值，❺亦即現世的惡無法被歸因於這階段。這時候物既然還沒出現，則理氣關係並不受同在於物的限制。因此如果將第三階段上推，認為此時理氣處於一種和諧的關係而能創生後來的世界，並無不妥。只是這時，氣既不受制於理，也不違反理（注意這種氣的特性和心的相似處）。這時候理氣的關係，實成為人們修養工夫的範型。然而這種理氣的存在是人們無法想象的。因為人是以萬物中之一物的角色出現在這個宇宙中。人只能體驗理氣在「物」中的和諧關係，而無法體知那先存於物的理氣之境。然而若真地落實到人與已產生的萬物並存之現實，則理氣和諧的關係又太闇然而不彰，因為在萬物的理氣關係，已非是一種無物限制的自由關係，而是具有種種正通偏塞之萬殊不齊。因而「天地」中介的特色就顯得特別重要。

第三階段牽涉到兩個特殊物──天、地──的產生。如上所說，天地的產生使得萬物的產生成為可能，因此天地是第一次理

氣產生價值的具體事例。這裡不擬討論「天地」岐多的含義（在
朱子思想中的含義）。而只要點明，天、地作爲第二階段無物限
制的理氣關係和第四階段在物中相制的理氣關係的中介的特點。
這種中介的特點即是天地也能「創生」萬物。這使得天地和萬物
各別和理氣有著不同的關係。

在第三階段中，天地（有時也只說天）是唯一的物，理氣關
係的萬殊尙未在此出現。而且天地「生」萬物，也有類似於第二
階段的理氣生天地，是一種異質性的生（朱子以佛家的說法稱之
爲氣生）。這種異質性的生，顯出一種普遍性的自由（當然，天
地不似第二階段的理氣關係，也因於「它」無法在由同質性的創
生產生另一個天地。然而也因此天地無私的美德更加彰顯），而
被認爲比第四階段的萬物同質性的生要來得完美。當然，天地是
物，自然也有它同於物的限制。朱子有時亦從實然的角度去論證
在天地中的理氣關係亦有不協調的時候，因而有颱風、地震等災
害。然而在大部分的文獻中，朱子還是將天地視爲生物之原，故
其＜仁說＞言：「天地以生物爲心者也」。❸❺由此，朱子爲先秦
儒「效法」天地的思想予以一較基礎性的說明。

第四階段是天地萬物出現的世界。這時候，氣慢慢地凝聚沈
澱，形成了各殊的物，展現著各殊的理。這個世界是人所處的世
界，也是人展開其道德生活的場境。這個世界的理氣關係，也較
其他三階段的理氣關係更來得複雜。下一節，所討論的人物生成
時的理氣關係，和下一章所討論的心性論問題，都可被視爲對第
四階段的理氣關係進一步的探討。

在這四個宇宙行程中，理氣關係有所變化，然其變化卻不是

單一關係的變化，亦即不是由甲關係變成乙關係再變成丙關係；而是一種由一向多展開地積累性的關係變化，亦即在第一階段的理氣關係在第二、三、四階段並未消失，而在第二、三、四階段卻有許多新的理氣關係產生。對朱子來說，這種關係的積累性，爲現世的任何理氣關係（第四階段）要回歸於第二、三階段的理氣關係提供了理論結構上的基礎。

第三節　人物異同

先秦儒學的理論開展實以人爲中心，物只在和人有關時才被述及。❺因此先秦儒學實涵有「人物相異」的命題。❺然而在先秦儒學中，這命題被蘊涵、被反省、被描述，然而卻不曾被解釋。隨著宋理學理氣論的興起，這命題才被作較深入的探討。對這命題的不同意見，可以說是理學與其前的儒學差異所引起的理論調適。

如第一節所言，宋儒的理氣論是針對著釋空道無而生。而釋道兩家的理論是一種對世界的全面性解釋，在這種解釋中，人、物的差異不被強調。佛家人、物同歸於空，道家之道則同等人物；故在空、無的觀點下，說人物無異也是可以的。宋儒反對空、無，也只有全面地證明人、物同爲實、有，然而這樣的理論反抗策略，卻又引宋儒進入一個難境——人物同爲實有，則人物就實有來說無所異。然而這種「人物同」的想法，顯然和儒學以人爲中心的想法有所背反。❺宋儒既自承爲先秦儒學的傳承者，就必須解決這種背反。也就在解決背反時，可以見出他們對擴充儒學的貢獻。

在《論語》中，沒有提到人物異同的問題。在《孟子》中，人物異同的問題，已經被提出，而且和孟子本身思想有重要的關係：

> 人之所以異於禽獸者幾希，庶民去之，君子存之。舜明於庶物、察於人倫，由仁義行，非行仁義。(8—19)㊾

雖然孟子沒有明說人和禽獸相異的是什麼，然而他卻以舜作爲例子，說明了君子存之的情形。可見人之異於禽獸，和人能「由仁義行」有非常大的關係。若再配合上孟子「仁義內在」的說法來看，則說人之異於禽獸即孟子所謂的仁義禮智之性亦無不可。㊿

另一段資料則是關於人物相同的記載，也和人的修養工夫有很大的關係：

> 耳目之官不思，而蔽於物。物交物，則引之而已矣。心之官則思，思則得之，不思則不得也。此天之所與我者。先立乎其大者，則其小者不能奪也。此爲大人而已矣。(11—15)

耳目不思，其性質有同於物。也因此性質不同，故在與物接觸時，就因類同而相引。孟子此處解釋了人之物欲的產生。至於心之官能思，能思就能自主（小者不能奪），正我之所以爲我（天之所與我者），也就是人之所以爲人，人和禽獸不同的地方。

於是人物之異解釋了人爲什麼是唯一的道德主體，人物之同則解釋了人的主體性可能的墮落。然而外物卻絕不可以被單純地歸爲「惡」的來源，因就在第一段引文裡，舜才因「明於庶物，察於人倫」而被肯定。我們可以說「物交物」是人與物發生關係而產生惡的原因，然而「物交物」卻不是人與物的唯一關係。荀

子也強調他最重視的禮義，是人和物不同的地方：

> 人之所以爲人者，非特以其二足而無毛也，以其有辨也。
> 夫禽獸有父子而無父子之親，有牝牡而無男女之別。故人
> 道莫不有辨，辨莫大於分，分莫大於禮，禮莫大於聖王。
> （＜非相＞）

並且批評孟子大體、小體之分是消極的積極（危）：

> 耳目之欲接，則敗其思。…孟子惡敗而出妻，可謂能自彊
> 矣。…可謂危矣，未可謂微也。（＜解蔽＞）

荀子並在「知」的觀點下分別人物之異：

> 凡以知、人之性也；可以知，物之理也。（＜解蔽＞）

知做爲一種主觀的活動，則人爲主體、物爲客體的相互關係也暗
示著主客體的差異。荀子的知似乎更進一步確定人須主動地與客
體發生關係以完成價值；而非如孟子的思只求存心體原本之善或
避開「物交物而引之」的誘惑。

　　從孔子到孟、荀，對人物異同的問題有越來越深的認識。這
種認識對儒學又有什麼意義呢？

　　從上所引《孟》、《荀》的資料，可以知道這是人作爲一個
主體的覺醒，不只是主體的覺醒還是一道德主體的覺醒。在《論
語》中，自然不能說沒有這種主體的覺醒，如「匹夫不可奪志」、
「我欲仁，斯仁至矣」等都是一種覺醒，然而這種覺醒不是作爲
和物的差異對顯的覺醒。孟、荀二人可說是對人的道德處境有了
更深一層的認識；不再如孔子將人視爲一行動主體，將善、惡都
歸因於人，就不再往下追究。孟、荀加進人在物中的考慮，這種
考慮明言人、物的不同與物對人的影響，使人不得不對於道德實

踐負起單獨（相對於其他物而言）的責任；另一方面，也對避開
物欲或求知物之理有所闡明以完成人的脩德。

　　孟、荀雖然指出人物有所異同，卻沒有解釋這種異同是如何
造成的。這種解釋的缺如當然不是孟、荀理論的缺點，因為在他
們的思想體系中並不需要去解決這個問題。然而到了宋儒，因為
整個理論方向的改變，使得他們要面對的問題也有所改變。這種
改變也可從孟、荀都重在人物所異而宋儒卻重在人物所共涵之實
有的不同看出。

　　但另一方面，宋儒並未否定先秦儒「人為一道德主體」的看
法，因此所重雖在人物之同，然而也必須論證人物之異。這問題
從開理學之宗的周濂溪開始就有所討論，到朱子則更趨細密。

　　周濂溪在《太極圖說》中云：

> 無極之真，二五之精，妙合而凝。乾道成男，坤道成女。
> 二氣交感，化生萬物。萬物生生，而變化無窮焉。惟人也
> 得其秀而最靈。形既生矣，神發知矣。

人和其他物的差別是「得其秀」的關係。「形既生矣，神發知矣」
可以說是對人之為最靈的一種形容。不過在這樣的敘述中，即使
物非「得其秀」，卻也不能不認為物之所自來是和人相同。而且
濂溪這裡只單面說明人的特出點，卻無進一步地說明人物差異如
何形成。《通書》情形也是一樣：

> 天地間至尊者道，至貴者德而已矣。至難得者人；人而至
> 難得者，道德有于身而已矣。（＜師友上第二四＞）

這條資料，說明了人物的差異，是一種由後往前回溯性的推論。
因為「道德有于身」不是指一種先天稟賦，而是因為人修德行德

以後的境界。

在對宇宙萬物的描述中，可以見出爲何說宋儒所重在人物之同。上引《太極圖說》「無極之眞，二五之精，妙合而凝」云云，雖說是客觀宇宙行程的描述，然而「無極之眞，二五之精」作爲生物之源，證明萬物起源之爲實有外，因生生本身也被當做一種價值使得此生物之源同時也是價值之源，這即是第一節所說的價值存有論。如《通書》<理性命>章云：

> 厥彰厥微，匪靈弗瑩。剛善剛惡，柔亦如之，中焉止矣。
> 二氣五行，化生萬物。五殊二實，二本則一。是萬爲一，
> 一實萬分。萬一各正，小大有定。

理、性、命作爲三個詞語，在儒學傳統中都有價值的意涵。然而「二氣五行」以下的敘述顯然又是一客觀的宇宙行程，對於人物參與這行程而言，又是人物共同的地方。

橫渠進一步說明了人物差異的原因，爲氣在凝聚成物時，所得的氣不同：

> 氣者，自萬物散殊時，各有所得之氣。（《張載集》<語錄>）

又說：

> 人之氣質美惡與貴賤夭壽之理，皆是所受定分。如氣質惡者，學即能移。今人所以多爲氣所使而不得爲賢者，蓋爲不知學。（同上<橫渠理窟>）

人與人之間的差異是命定的，然而這種命定的差異卻可經由學來改變。人與人之間的差異如是，人物之間的差異卻有不同：

> 天下凡謂之性者，如言「金性剛」、「火性熱」、「牛之性」、「馬之性」也，莫非固有。（同上<性理拾遺>）

　　凡物莫不有是性，由通蔽開塞，所以有人物之別；由蔽有

　　厚薄，故有智愚之別。塞者牢不可開，厚者可以開而開之

　　也難；薄者開之也易；開則達于天道，與聖人一。（同上）

性是固有，即所謂「所受定分」。在這種固有中，人物之別顯然
和人與人之異有所不同。橫渠用了兩種判別差異的方式先將人和
物分開，然後再對人與人之間的差異加以說明。「塞者牢不可開」
和「厚者可以開而開之也難」即人物最大的差異，這種差異也說
明了為什麼只有人能通過學來改變自己的氣質。至於人與人之間
的差別，只是難易之別，卻保持了「開」的可能性。

　　橫渠的解釋模式同時說明了人物、人與人之間的差異，而且
也說明同一之性，為什麼會有萬殊的理由。這種模式既解釋了萬
物一源，也解釋了經驗現實中的萬殊，朱子後來在為人物異同作
說明時，可說大體是承接了橫渠的看法。

　　上所引《孟子》文，對人與人的差異也有所說明，然而這種
說明卻偏重在「庶民去之，君子存之」，而不是在稟賦上有所差異。

　　二程對人物異同也有所論述。《程氏遺書》卷二上言：

　　「萬物皆備于我」，不獨人耳，物皆然。都自這裡出去，

　　只是物不能推，人則能推之。雖能推之，幾時添得一分？

　　不能推之，幾時減得一分？百理具在，平鋪放著。幾時道

　　堯盡君道，添得些君道多？舜盡子道，添得些孝道多？元

　　來依舊。（《二程集》〈語錄〉）

這裡先言人物同，然後判別人物之異在於「人能推之」。「之」
這個代名詞，從上下文看來應是道的代稱。然而自「雖能推之」
以下，明道表明了所重在同，將人物之異淡化。這種作法，實抹

平了人作爲一實踐主體（推之）的重要性，和先秦儒強調的主體實踐不合，故黃百家評之曰：

> 此則未免說得太高。人與物自有差等，何必更進一層，翻孟子案，以蹈生物平等。（同上）

二程的看法和橫渠有異，橫渠雖言同，然還是強調異，重在人作爲一道德主體而爲價值實踐的單獨承擔者的特殊性（相對於其他物而言），故橫渠有言：

> 學者當須立人之性。「仁者、人也」，當辨其人之所謂人。
> 學者，學所以爲人。（《張載集》〈語錄〉）

《程氏遺書》同卷還有一條言：

> 所以謂萬物一體者，皆有此理，只爲從那裡來。「生生之謂易」，生則一時生，皆完此理。人則能推，物則氣昏，推不得，不可道他物不與有也。人只爲自私，將自家軀殼上頭起意，故看得道理小了佗底。放這身來，都在萬物中一例看，大小大快活。

這說明了人物之所以有能推不能推的差異，原因在於「物則氣昏」。然而就如上一條資料一樣，這裡所重在言人物同完此理之同。使得人的能推成了只是爲了補救人的自私的一種實踐方式。這種接近了人與物在存在意義上（對於「此理」來說）無很大差別的看法，確實爲儒學帶來了不少的問題。

　　朱子作爲其前理學傳統的繼承者，在這一問題上，基本上是根據橫渠的方式，既從宇宙論方面來說明人類的同異，而在實踐上仍然重在人物之異。而人物之異的強調並非否認了最重要的價值存在根源是人物之同，而是進一步肯認價值存有根源對於人和

物的各別關係是不同的。亦即強調人物之異，並非強調人應朝著人物所異的方向發展，反而是強調人之作為人應朝向人物所同的價值存在根源發展。

朱子對於人物理氣同異問題的探討。陳來同樣也作了細密的歷史研究。以下僅根據他的研究，對朱子理論的發展略作交代。

首先朱子秉持儒學傳統，認為仁是心之理，人有此仁理為性而禽獸則不得而與焉。這也是人之所以為人而異于禽獸者。朱子的這種想法遭到李侗的反對，李侗強調人物之異在於氣異。朱子接受了李侗的看法，並加以發揮云：

> 天地生物本乎一源，人與禽獸草木之生莫不具有此理，其一體之中即無絲毫欠剩，其一氣之運亦無頃刻停息，所謂仁也。但氣有清濁，故稟有偏正。惟人得其正，故能知其本具此理而存之，而見其為仁。物得其偏，故雖具此理而不自知，而無以見其為仁。然仁之為仁，與物不得不同。知人之為人而存之，與物不得不異。❻❶

在＜答徐元聘＞中，朱子又云：

> 性同氣異，只此四字，包含無限道理。❻❷

後在《太極解義》中更以人人一太極、物物一太極、萬物各具一太極等新的理論形式來論證「理同氣異」的思想。

在《孟子集注》中，朱子闡述人物之性氣的異同言：

> 人物之生也，莫不有是性，亦莫不有是氣。然以氣言之，則知覺運動人與物若不異也；以理言之，則仁義禮智之稟，豈物之所得而全哉？此人之性所以無不善，而為萬物之靈。
>
> （卷十一，《告子》上）❻❸

在＜答程正思＞中，朱子又說：

> 犬、牛、人之形氣既具，而有知覺能運動者，生也。有生
> 雖同，然形氣既異，則其生而有得乎天之理亦異。蓋在人
> 則得其全而無有不善，在物則有所蔽而得其全，是乃所謂
> 性也。…蓋知覺運動者，形氣之所為；仁義禮智者，天命
> 之所賦。㉔

陳先生認為這是朱子「氣異理異」的說法。

　　最後，朱子的解決方法是確認了「因其氣稟之不同而所賦之
理固亦有異」㉕，而理之異則表現在理有偏全上。而朱子也醒悟
到將這一問題分從兩個觀點來談：

> 論萬物之一源，則理同而氣異；觀萬物之異體，則氣猶相
> 近而理絕不同也。氣之異者粹駁之不齊，理之異者偏全之
> 或異。（《文集》卷四六，＜答黃商伯＞第四）

> 所論理氣之偏，若論本源，即有理而後有氣，故理不可以偏
> 全論。若論稟賦，則有是氣而後理隨以具，故有是氣則有是
> 理，無是氣則無是理，是氣多則是理多，是氣少則是理少，
> 又豈不可以偏全論耶？（《文集》五九，＜答趙致道＞第一）㉖

　　如同對其他朱子思想中的重大課題的貢獻一樣，陳先生對此
一問題的處理，也同樣地將朱子面對這一問題前後的思想歷程清
楚地展顯在我們面前。而且在對這問題的研究當中，他還提出一
個值得重視的觀點：

> 按照朱熹的理稟有偏全思想，仁義禮智仍然普遍內在于一
> 切品物，只是性理似應有質和量的雙重規定。㉗

如果說「性理似應有質和量的雙重規定」，則朱子思想的性理再

也不能維持它的純一，而這和朱子所欲賦與性理的性質似有所不符。但如果客觀來看朱子安排性理的問題，則會發覺陳先生提出來的觀點正指出了朱子的問題。在朱子繁複的體系中，要保持性、理概念的純一是非常困難的。

對於陳先生的分析，除了對其研究方式、態度的贊賞之外。我還想作兩點重要的補充：

一、朱子這些不同的論點，應看成是同一種論點的發展漸趨完備，而不應視爲有矛盾衝突的變化（即使有時字面上看起來的確如此）。

二、應以朱子思想的整體性爲基礎，再予人物異同的問題和其他問題作關係性的說明。

這兩點是互相關聯的。如果將人物異同的問題，置入朱子宇宙行程的理論背景之下，會發覺朱子本身的說法雖有多種，然而都只是對同一「事實」的各種不同的說法。而不是陳先生所說：「這個問題…幾乎是朱熹哲學中最爲淆亂的一個問題。這對于出于臆想的道學性理哲學當然是十分自然的」。陳先生在作分期時，也發現了分期參差的現象：

> 這一時期，朱熹的思想似乎還不是十分清楚，因之在此期間的議論文字中既有理同氣異也有氣異理異的說法。

> 慶元之後在朱熹的言論中偶爾也可見人物性同的說法。❽

對分期參差的現象的解釋，應該是朱子認爲他這幾個說法本身並無衝突。這點可以從分析他對這幾個說法的解釋中清楚地得到線索。亦即在他這幾種說法中，可以見出一些「共同」的、前後沒有改變的觀點。

在「性同氣異」的階段，朱子認爲：

> 天地生物本乎一源，…但氣有清濁，故稟有偏正。

> 人物之性本無不同，而氣稟則不能無異耳。

在「氣異理異」的階段，朱子認爲：

> 人物之生，莫不有是性，亦莫不有是氣。然以氣言之，則知覺運動人與物若不異也；以理言之，則仁義禮智之稟，豈物之所得而全哉？

> 有生雖同，然形氣既異，則其生而有得乎天之理亦異。

在最後一階段，朱子認爲：

> 謂之全亦可，謂之偏亦可。以理言之則無不全，以氣言之則不能無偏。（《語類》，4）

> 人物本同，氣稟有異故不同。（《語類》，59）

> 論萬物之一源，則理同而氣異；觀萬物之異體，則氣猶相近而理絕不同也。氣之異者粹駁之不齊，理之異者偏全之或異。

> 若論本源，即有理而後有氣，故理不可以偏全論；若論稟賦，則有是氣而後理隨以具，故有是氣則有是理，無是氣則無是理，是氣多則是理多，是氣少則是理少，又豈不可以偏全論耶？

將朱子前後時期的說法類聚而觀，至少可以得出一個結論：不管在那個時期，人物理氣同異都只是現象、都只是呈顯，而其原因只有一個——人物氣稟使然。爲什麼氣稟會造成這樣的差別，則是因「氣有昏明厚薄之異」，是因氣的性質原來就是雜多不齊。

　　然而只知道造成的原因還不夠，還要加進理氣關係和朱子的

宇宙行程才能將整個問題清楚的呈顯。

在上述所引的資料中,最明顯的字面衝突,莫過於下面兩段資料。《孟子集注》中的:

> 以氣言之,…人與物若不異也;以理言之,則仁義禮智之稟,豈物之所得而全哉?

此所言乃「氣不異,理則有全不全」。《語類》卷四則言:

> 以理言之則無不全,以氣言之則不能無偏。

這卻是「理無不全,氣則有偏」。然而這些矛盾若置入朱子的宇宙行程看,則可以被消解。那就是朱子最後清楚地表示出來的解決方式:

> 論本源,即有理而後有氣;故理不可以偏全論。若論稟賦,則有是氣而後理隨以具,故有是氣則有是理…

所謂的「本源」到底是什麼意思?是指人物的本源,還是宇宙的本源?人物的出現必須是理氣不離不雜的結果,而且這種不離不雜的存在狀況還要經過「天地創生」這個較為具實的過程才能造成人物的出現。故而這裡的「本源」指的只能是宇宙的本源。但如果說宇宙的行程是「連續的」,也未嘗不可說是「本源」就是指人物有生的本源。在實際上,朱子宇宙行程的前三階段確實只是第四階段的序曲。但無論如何,這裡的「有理而後有氣」確實是指從前三階段往第四階段觀望而有的問題。至於「論氣稟」,則是從第四階段往前看的結果。圖式如下:

論本源　　　　　　　論氣稟
─────────→　　←─────────
　一　　　二　　　三　　　四

這裡自然和上一節所說的「理先於氣」的問題有關。在一、二、三階段，朱子是以理爲本來論氣，無論就理氣的存在上來說，還是就理氣關係所表現的和諧來說（時序、邏輯、輕重、本末），皆是理先於氣。就在第四階段，理氣關係有了倒置的關係：「若論稟賦，則有是氣而後理隨以具」。《語類》卷四：

> 先生＜答黃商伯書＞有云：「論萬物之一原，則理同而氣異；觀萬物之異體，則氣猶相近，而理絕不同。」問：「『理同而氣異』，此一句是說方付與萬物之初，以其天命流行，只是一般，故理同；以其二五之氣有清濁純駁，故氣異。下句是就萬物已得之後說，以其雖有清濁之不同，而同此二五之氣，故氣相近；以其昏明開塞之甚遠，故理絕不同。《中庸》是謂其方付之初，《集注》是看其已得之後。」(57)

「謂其方付之初」即由一、二、三階段看人物之生，「看其已得之後」則是從第四階段往前推論人物之生。此雖是朱子弟子推敲朱子之意而言，卻將朱子「論萬物之一原」、「觀萬物之異體」作了很好的說明。

現實的世界的殊多，絕對不是那個潔淨空闊之世界的理所能解釋的。此時之理，是一純一，不能分割，故也不可以偏全論。那現實的殊多只好歸因於氣本身混雜的性質。這種「歸因」造成理氣先後關係的倒置（相對於前三階段而言），因爲在因→果的關聯中，因具有決定性的作用。理這時只好跟著氣的不同而有所不同了。

朱子對於「人物理氣異同」問題探索，一步步地向其自己理論整體進行整合。「性同氣異」是前三階段的性氣性質的描述，

而在宇宙程序是一連續的觀點下，可以被視爲是第四階段的人物
關係。若只著眼於第四階段，則氣異使得氣所表現的理也有不同。

理論的解析至此可以告一段落，但理論的架構，終只是爲完
成其理論意向。在《語類》中，可以見出朱子論人物異同的意向：

> 於此，則言氣同而理異者，所以見人之爲貴，非物之所能
> 並；於彼，則言理同而氣異者，所以見太極之無虧欠，而
> 非有我之所得爲也。(59)

這雖是朱子學生解釋朱子理論的話，然此解法卻大得朱子贊成，
應可視爲朱子自己的意見。「見人之爲貴」，即證明人和理的關
係要比物和理的關係來得密切（見下一節論心性與物理處）；「
見太極之無虧欠，而非我之所得爲也」，則言天人之不同、人之
存在即爲一私的存在，此爲人的進德預留一實踐的空間。

至於「氣同理異」的說法。陳先生不提，當然也無妨。因「
氣同」在朱子思想體系中只能很籠統地說，而不能經過細密的分
析。在上一段引文也提到爲什麼說「氣同」的原因：

> 其氣雖有不齊，而得之以有生者，在人物莫不皆有理；…
> 故爲知覺，爲運動者，此氣也；·知覺運動，人能之，物
> 亦能之。

這是一種「形式」上的同，而非實質上的同。若問朱子「人兩腳，
牛四腳，是氣異還是理異」，朱子應會說氣異。未受物限制之理
的純全不可能用來解釋任何存在物的相異，所以「氣同理異」是
講不通的。

至於性理有無質和量的雙重規定？陳先生解釋朱子的想法說：

> 人與物都無例外地稟有仁義禮智四德，但物因氣稟欠偏，

故所稟受的仁義禮智有偏少，或仁少，或義少，或禮少，
或智少，或其中二德少，或其中三德少，或四德皆少。然
雖偏或少、仁義禮智四種德性總還是有的。⑥

陳先生的闡釋是正確的。由其闡釋，也可見出朱子的理氣理論陷
到一種近乎繁瑣的地步。而這一部分要歸咎於朱子想要將其理氣
論扣合上一些經驗事實所產生的結果。⑦《語類》卷四：

曰：人物性本同，只氣稟異。如水無有不清，傾放白碗中
是一般色，及於黑碗中又是一般色，放青碗中又是一般色。
又曰：性最難說，要說同亦得，要說異亦得。如隙中之日，
隙之長短大小自是不同，然卻只是此日。(58)

人物之生，天賦之以此理，未嘗不同，但人物之稟受自有
異耳。如一江水，你將杓去取，只得一杓；將碗去取，只
得一碗；至於一桶一缸，各自隨器量不同，故理亦隨以異。
(58)

隙之長短大小自不是質的問題，而是量的問題。如而若只是純粹
量的問題，就朱子自己所舉出的例子來看，又會出現問題。《語
類》卷四：

至於虎狼之仁，豺獺之祭，蜂蟻之義，卻只通這些子，譬
如一隙之光。(58)
如螻蟻如此小，便只知得君臣之分而已。(58)

如果只是量的不同，則即如螻蟻如此小，所具備的應是懂得一點
點的仁、一點點的義⋯等等，而不能只是對君臣之分獨有偏好。
故朱子雖以隙竅之「大小」來說，甚至以器「量」來說，似乎真
是量的關係，然而量的關係顯然不能解決我所提出來的「具體而

微」的問題。這也是為什麼陳先生在討論這問題時要用「偏少」一詞，而不單用「少」。「偏」當然也是朱子自己提出來的解釋：

　　尋常昆蟲之類皆有之，只偏而不全，濁氣間隔。(56)

如果將「偏」加上「少」，則人物之異應不只是一杯水和一碗水的差異（水分子多少的差異），而是一個含仁、義、禮、智四元素的集合和一個只含「仁」、只含「義」等元素之子集合的差異。這樣朱子是否就解釋了性理多寡偏全的問題呢？

　　單就如何解釋人物性理同異的問題看時，這種解釋似乎已可令人滿意。但若將此問題再置入朱子思想最後的體系來看，性理的內容與性質都不再是那麼混沌、那麼純全而不可分割，亦即性理的內容在這裡被特殊化，不再像在其他地方，朱子所表示出來那種整全而渾然的樣子。⑦

　　這現象的造成，與其說是朱子缺乏形上邏輯的能力，不如說朱子還是太欲於說明經驗事實而造成其許多規定趨於瑣碎。牽涉到這問題的還有「理一分殊」、「天命之性與氣質之性」等命題，這些命題將在下一章討論。

　　在說明人物理氣異同時，氣質是唯一可歸究的原因。上文曾提到陳來認為朱子對於人物性理異同，朱子有質、量雙重規定。依照陳先生的看法，是質同量異。同樣地，朱子對於人物氣質異同似乎也有質、量兩種規定，用質來區分人物之間的差異，再用量來區分人與人之間的區別。上文也已指出，「質」、「量」的區別是否適用於朱子對氣質差異的描述，非筆者所敢確定。在某一方面來說，質、量的區別似乎可以很好地來描述朱子對氣質差異的構設，因它們所表示的分別是不可改變的差別和可改變的差

別，這種不同顯然和朱子對於人物之間和人與人之間的分判意圖相當（這裡只說分判意圖，因為筆者不認為在理論上的判分，朱子已經達到完全清晰的程度）。然而，若就人與人之間的氣質差異分判，究竟該視為「質」的不同，還是「量」的不同？如果是質的不同，則聖人與凡人之間的道德境界無法踰越，儒學的道德理論將因之破產。如果是「量」的不同，則氣稟的問題，對於修德似乎不是很重要，朱子就不應該有聖人難為、氣質難改等觀點，甚而朱子還將氣稟的差異直接對應到聖人、大賢、眾人、下民等有道德價值判斷的區分名詞上頭。❼❷

　　當理論無法歸一時，無妨回頭看看理論所欲描述的現象的情形。在成德的路途中，人與人之間的氣質差異（因性理沒有差異）對個人修身的影響，也是錯綜複雜，似乎非一簡單的理論所能括盡。亦即理論的渾沌難清，很可能是理論所欲解釋的事實本身所影響的結果。但這種影響雖然增加理論描述的難度，卻也不能成為理論本身缺點的藉口。就朱子而言，其宇宙論的理論目的與其說是在解釋宇宙萬物差異的原因，不如說只是在為其道德理論作一現實場境的安排並反抗佛家對儒學所肯認的價值的側面攻擊。所以在朱子的理氣論時常要加以道德化的傾向，亦即以道德的觀點去論述宇宙間的現象，這使得其宇宙論常有牽強附會之處，而且模糊了問題的方向和解決的方法，「人物異同」即是箇中的一個例子。❼❸所以朱子的人物異同論除了說明現實世間存在物的不同的宇宙論的目的外，對於儒家道德體系的重要性，可從兩方面來說。其中一點，在上文已經指明，即將道德踐履責任單單歸屬於人，使人在同屬「實有」的情況下，維持其特有的道德世界。

第二點則是個人「變化氣質」的問題。以下即先就朱子如何以氣質之異剖判人物的問題加以探討，再針對「變化氣質」稍為加以論述。

如同橫渠一般，朱子也是用一對對判別詞來描述氣的不同；所不同者，橫渠用的主要是狀態形容詞——通蔽開塞，朱子則多用了一些性質形容詞——清濁昏明等等。橫渠云：

> 凡物莫不有是性，由通蔽開塞，所以有人物之別；由蔽有厚薄，故有智愚之別。塞者牢不可開，厚者可以開而開之也難；薄者開之也易；開則達于天道，與聖人一。（＜橫渠理窟＞）

觀橫渠之意，可知他以開塞辨人物、以通蔽辨智愚（人與人之間的差異）。然而若再細加剖析，則通、開其實對橫渠來講是一完成狀態的描述語，所以厚、薄只能用以描述蔽的狀態、而「開則達于天道」（通則意思和開相似，故在首句以後的解釋中，未提到通）。故就氣言氣，橫渠主要是以蔽和塞來辨人物，亦即人物之生都處在一不完足的狀態，對人來說這種不完足的狀態可以因人的學而改變（變化氣質），而物則因其所稟賦之氣的關係而無法改變，只能因靜態地參與在人的修德情境中作為一道德場境而呈顯其意義與價值。❼❹

《語類》卷四朱子用來言氣質之異之語詞共有偏全、清濁、昏明、明暗、純駁，開塞、厚薄、偏正等相對詞語。朱子在使用這些詞時，並沒有很清楚的界定，但其使用這些詞時所欲造成的分判印象，卻因為這些詞的相對性而顯得分明。

和橫渠不同的，朱子不但要判分人與人之間的差異還更進一步要判分物與物之間的差異，故云：

人物之生，其賦形偏正，固自合下不同。然隨其偏正之中，
又自有清濁昏明之異。(56)

這種判分物與物之間的差異，和朱子的道德的宇宙觀有關：

至於虎狼之仁、豺獺之祭、蜂蟻之義，卻只通這些子，譬
如一隙之光。至於獼猴，形狀類人，便最靈於他物，只不
會說話而已。到得夷狄，便在人與禽獸之間，所以終難改。
(58)

將自然現象中的活動賦予道德意義，和朱子將理同時作為生生之
源和價值之源有關。朱子的這種判分和橫渠截然斷絕物的道德實
踐性有很大的不同。朱子這種作法，主要是能對其「理一分殊」
予以更具實的肯定；卻也使朱子理論陷入繁瑣零碎的境地。因為
在擴大理作為一種價值實踐的根據的同時，必使原來要判分人、
物的差異的目的較為模糊，這也使得朱子的人物異同論無法完全
地自圓其說。而且相對性質差異的形容詞予人一種程度的關係，
這就加重了這種模糊的嚴重性，使得人物判分的差別發生動搖。
❼故在性質差異判別因著這種模糊而失卻其明確判分人物異同的
時候，朱子又提出「量」的說法來補充其人物異同說，而使其宇
宙論陷入另一種邏輯困境。

《語類》卷四：

問：「人物皆稟天地之理以為性，皆受天地之氣以為形。
若人品之不同，固是氣有昏明厚薄之異；若在物言之，不
知是所稟之理便有不全耶，亦是緣氣稟之昏蔽故如此耶？」
曰：「惟其所受之氣只有許多，故其理亦只有許多。如犬
馬，他這形氣如此，故只會得如此事。」又問：「物物具

> 一太極，則是理無不全也？」曰：「謂之全亦可，謂之偏
> 亦可。以理言之，則無不全；以氣言之，則不能無偏。故
> 呂與叔謂物之性有近人之性者，人之性有近物之性者。」
> (58)

「惟其所受之氣只有許多，故其理亦只有許多」，氣的量和理的
量是相對應的。然而什麼是稟氣的多寡？在朱子宇宙論中，氣是
人物形質的來源，則氣的多寡似乎應和人物的形積、重量有關。
然而觀此處，則知朱子並非如此去認定氣的多寡。他絕不會因一
頭象的體積、重量比人來得大、重就認為象比人還具備更多的理。
那氣的多寡是否可以視為一種生命力的多寡，如上一節所說氣盡
則亡的氣？然而自然界中，要比人長壽的物也很多，朱子自然也
不是這個意思？那氣的多寡能否解釋成氣的種類的多寡？《語類》
云：

> 問：「五行均得太極否？」曰：「均。」問：「人具五行，
> 物只得一行？」曰：「物亦具有五行，只是得五行之偏者
> 耳。」(56)

弟子之問「人具五行，物只得一行」，即是將氣的多寡解釋成種
類的多寡。朱子也不肯承認這種說法，因為他認為任何物的形質
皆需陰陽、五行完全具備才能完成。故「氣只有許多，故其理亦
只有許多」在朱子的思想體系中，並不能很好地得到更具實的解
釋。然而這說法之所以值得特加考量，因為牽涉到朱子格物說的
一重要問題；若任何一物皆具全理，為什麼格物需逐物去格而不
是格一物到窮極處即能豁然貫通。

　　量的判分又失敗，結果又跑出來一對判分語語——偏、正。

偏、正作爲一對判分語詞，使得朱子不必再對人物的道德本質的差異有所說明，因爲偏、正在儒學的傳統語彙中，固有其價值高低的意味。朱子的宇宙論的構設至此明顯地臣伏其道德思想之下。然而，這當然也不是朱子自己所能滿意的。因爲如果要相應於佛道的空無對道德的實存性加以肯定，必須將道德的實存用本體宇宙論加以證明，不可逆而行之。《語類》云：

> 人物之生，其賦形偏正，固自合下不同。然隨其偏正之中，又自有清濁昏明之異。(56)

「偏正之中，又自有清濁昏明之異」是朱子即使以「偏、正」這一本身帶有價值優劣來作爲氣質（賦形）差異的說明，仍儘量要兼顧到宇宙論方面的問題（即使這是一個他只能兼顧而不能解決的問題）。

當然，如果說「偏、正」只是朱子用來規避問題的方式也不完全正確，他的確是希望用這一對詞語來解明理氣同異的問題。然而偏正到底應當如何解釋？偏正和偏全又有何異同？

「偏全」的偏，相對於全而言，應是指「一偏」，是一種量的描述。「偏正」的偏，則遠較「偏全」的偏來得不容易了解。到底什麼是「偏正」的偏？《語類》云：

> 人性雖同，稟氣不能無偏重。有得木氣重者，則惻隱之心常多，而羞惡、辭遜、是非之心爲其所塞而不發；有得金氣重者，則羞惡之心常多，而惻隱、辭遜、是非之心爲其所塞而不發。水火亦然。唯陰陽合德，五性全備，然後中正而爲聖人也。(74)

這條資料「偏重」、「全備」、「中正」三詞同時出現，似乎爲

「偏全」、「偏正」二詞都作了很好的說明。《語類》下一條又
云：

> 性有偏者：如得木氣多者仁較多，金氣多者，義較多。
（74）

上條既說「人性雖同」，此條又說「性有偏者」，似有矛盾。然
「性有偏者」仍需在氣稟之異上得到解釋，故「性有偏者」實是
氣有偏者。上條「得木氣重」即下條「得木氣多」。但要注意的
是這兩條資料，上一條是言人與人之間的異同，下一條是言人物
異同、人與人之間的異同皆可。如果以上一條而言，則人與人之
間的異同，竟和人物異同的判分標準一樣，則既要維持人與物的
截然差異又要說明人與人的差異和人與物的差異的雙重目的就注
定失敗了。《語類》云：

> 氣稟所拘，只通得一路，極多樣；或厚於此而薄於彼，或
> 通於彼而塞於此。有人能盡通天下利害而不識義理，或工
> 於百工技藝而不解讀書。如虎豹只知父子、蜂蟻只知君臣。
> 惟人亦然，或知孝於親而薄於他人…。
> 是他性中只通得一路，故於他處皆礙，也是氣稟，也是利
> 害昏了。」（75）

「惟人亦然」，則人物之間的氣稟異同與人與人之間的氣稟異同，
就更顯得模糊不清了。

雖然朱子對於宇宙論中人物異同的問題處理得並非十分完善，
然其理論意圖的展現是明顯的。如果純從宇宙論的觀點看，朱子
的解釋過於繁瑣零碎，其間推理的邏輯也不令人十分滿意。但若
是以刻劃人的道德存在情境來看。則朱子對於人物異同所提出來

的問題，很容易接引到人生在世的原初情境——人是不完美的，是需要經過道德修養而臻於完美。於是人物異同問題的重點可以只是在說明人在世的原初存在情境。這種情境就是在理氣論的觀點下，蘊涵於人身的理氣結構。人物異同的問題在朱子來說，只是爲其工夫論提供一「定然」的存在狀態，此後，人物異同將轉爲人與人之間異同的關係。而人與人之間的異同問題，即是人在自我修養進程中自身異同的問題。

　　由人物異同到人與人之間的異同，再到人自身（道德修養進程中）的異同，這些問題的解決都不只是宇宙論的問題，更爲朱子的道德實踐理論預留了空間。這些空間，使得朱子能夠進入道德自我的問題，是朱子之理氣論與其心性論的接合之點。

注 釋

❶ 陳榮捷，＜早期明代之程朱學派＞，收於陳著《朱學論集》，頁342。此篇爲萬先法先生所譯。陳先生英文原稿，刊於 Wm. Theodore de Bary 所編的 "SELF AND SOCIETY IN MING THOUGHT"，此處所引譯文，在該書頁44。譯文譯作「老氏之無爲」的地方，原文作 "the Taoist concept of Nonbeing" 似應只譯作「無」，而不應譯作「無爲」；查陳所著 "A SOURCE BOOK IN CHINESE THOUGHT" 正以 "non-being" 譯「無」，而以 "no action" 譯「無爲」。

❷ 張載、二程反佛、老的資料，請參閱《近思錄》卷十三。

❸ 張載，《張載集》，頁8。這種直接表明理論所欲立和所欲破之間的關係，也可以在其他理學家的著作中發現。

❹ 勞思光似即持此論點，見其所著《中國哲學史·三上》。

❺ 在進行對反構設時，除了理論意圖的完成外，理論本身當然必須具備內在的邏輯性。因此，即使是純粹的對反構設，通常爲了滿足邏輯的要求，往往須將理論向外延伸，而具有此原始意向之外的發展性。這種理論的擴張，使得理論系統本身越趨於繁雜，而使得其個別理論命題之間的邏輯性越難以照顧得周全。下一節討論的「理先於氣」的問題就是一很好的例證。

❻ 韓愈，《韓昌黎集》，頁8。下引韓愈＜原道＞文同，分別見頁11，12。

❼ 本文認爲宋前的儒學傳統，價值的呈現和價值之爲價值是不可分的。詳見下文。

❽ 韓愈偏重在政治層面反佛的態度，也可在其＜諫迎佛骨表＞中看出。

❾ 儒家的入世性格及其對治國、平天下和修身的關係的肯定，使其在中國歷史中所扮演的政治角色，要比道、釋來得重要。韓愈之反佛，就是一最好的說明，他之反佛可以說從儒學的觀點出發，也可說是從政

治著眼。

❿　如尹洙以佛家教人博愛，而孟子亦教人博愛，是以欲求愛人之教於佛者，求之於《孟子》即可；此是反佛之較爲平緩者（見：尹洙，《河南先生文集》卷五＜送李侍禁序＞。另如石介，則言詞激烈；則是反佛之甚爲激烈者。另外如李覯、章望之等也都有反佛言論（見：日·鐮田茂雄，《簡明中國佛教史》，頁239。李覯的反佛，另可參看夏長樸，＜論李覯的實用思想＞。

⓫　歐陽修，《歐陽文忠公文集》卷第十七（《居士集》卷第十七），頁149－52。＜本論＞原有上、中、下三篇，後歐陽修自刪上篇，而以中、下篇爲上、下兩篇入《居士集》。原刪上篇今收入《歐陽文忠公文集》卷五十九（《外集》卷九）。以下＜本論＞引文皆同。另外，歐陽修在撰寫《新唐書》、《新五代史》時，亦顯示出了其排佛的立場；見：日·鐮田茂雄，《簡明中國佛教史》，頁239。

⓬　歐陽修雖沒有放棄韓愈從政治方面來說明儒家思想較爲優良的企圖，但也沒有攻擊佛家在政治上所造成的問題。就此而論，韓愈不免有藉著政治力量來消滅佛家之嫌；而歐陽修卻顯示出較爲開放的態度——要使儒家能在文化上和佛家作一開放性競爭，使兩家的成敗成爲文化思想競爭中自然淘汰的過程。而韓、歐兩人態度的不同也可見出兩人對佛家的社會影響力有不同的看法。

⓭　錢穆，《朱子新學案》冊一，＜朱子學提綱＞第二節至第四節，頁16－15。宋初胡瑗教人，立「經義」、「治事」二齋，也是這兩種表現的庚續。（見：《宋元學案》卷一＜安定學案＞，頁24）

⓮　「以事見端」如見孺子將入於井而惻隱之心生、見牛無罪而就死地心中不忍，「以端發事」即推擴求孺子出於井、推以羊代牛之心於萬民。

⓯　《論語》＜學而＞：
　　曾子曰：「吾日三省吾身：爲人謀而不忠乎？與朋友交而不信乎？傳不習乎？」
　　曾子這段自省的言語，是論事傳統中一具代表性的修身法。在這段話

中，曾子並不在所謂的念慮之微去究察自己的心性（而在宋明儒的理論中，這種究察並不需要著於事相），而是直對發生的事件於一自我評斷，然後其修身所得亦是返回到事中，使事件的結果符合自我價值判斷的結果。

⑯ 《論語》〈述而〉「我欲仁，斯仁至矣」、《孟子》〈告子〉「乃若其情，則可以爲善」，皆是對這種能力的肯定。

⑰ 西方漢學研究者把老子的「無」譯成"non-being"實有問題。但這種誤用自不從西方始。在六朝對佛教經典進行格義時，道家之無即被用來解釋佛家之空。從而這種誤解還是需要澄清。朱子即曾指「道家還只是有」，即是將無只看成對道體的形容而非對道體實存的否定。

⑱ 黑格爾說：
在東方宗教中主要的情形就是：只有那唯一自在的本體才是眞實的，個體若與自在自爲者對立，則本身既不能有任何價值，也無法獲得任何價值。只有與這個本體合而爲一，它才有眞正的價值。但與本體合而爲一時，個體就停止其於主體，而消逝於無意識之中了。
轉引自中村元，《東方民族的思維方法》，頁13-14。黑格爾此說用來指涉儒家並不正確；然而用來指述道家並非常的適切。點出了道家如何處理「主體」的難題。後來理學將價值根源植基於宇宙本體時，也發生了同樣的問題。牟宗三以「意志道德」解釋理學時，即輕忽了這一問題。

⑲ 即《老子》所說的「爲無爲」。
或可以辯稱：「當人的修行與道爲一時，則人的主體能力的正面展現不即是合乎道，亦即是價值的展現？」然而，在道家的思想體系裡，可以很清楚地看出人、物和道的隔絕，這種隔絕是因爲人、物都是「被生者」的地位，而道是「生者」的地位。只有道才能直接去展現它自己，呈現出一種價值（然而因爲道無法被限制成一主體，所以就道而言，其本身無價值問題。故此「呈現出一種價值」只能指人物而言）；至於人、物價值的呈現，永遠是藉著回歸於道的間接方式來呈現。若

說這限隔可以被打破，則人化同於道之時，亦是人由自己的主體限制走出之時，這時「主體能力」的說法不立，因此亦不能說主體能力能正面而直接地去展現價值。

⑳　或許有人認為這是漢儒受到道家思想影響的結果。但若溯尋孔、孟、荀三家之說，恐沒有人敢斷言，兩篇所說的理想世界不是孔、孟、荀所能肯認的。何況〈禮運〉、〈中庸〉所用的語言明顯是儒家的語言，而非道家語言。

㉑　理學的奠基者——周敦頤，即和道家有不淺的關係（參見：錢穆《朱子新學案・三》〈朱子對濂溪橫渠明道伊川四人之稱述〉）。象山甚至說濂、洛、關、閩所認可的「天理、人欲」二分對立之說是來自老子（見《陸九淵集》卷卅四〈語錄・上〉第六條，頁395）。宋儒基於「生生」觀念所建立的宇宙觀和道家思想的關係，可參見陳榮捷，〈朱子評老子與論其與「生生」觀念之關係〉，《朱學論集》，頁99－121。

㉒　一方面，佛教作為一種世俗宗教，其在現實生活中，為了倡教，所提倡的世俗化道理恐不一定全根本於其教理，故儒家的一些倫常關係在此也可被僧尼所肯認提倡。而且佛學的最高本體既然是以否定的方式存在，則這種否定使得各種空相的呈現皆為可能、皆為空、皆不悖於空。

㉓　相關資料見本章第三節。

㉔　從上文的理論圖式，可以知道道家的最後實存的道亦是一存有，而且具有「價值」的意義（雖然其「價值」的內容和儒不同）。

㉕　本體空即究竟空、滅盡空、性空等等。本體為空，空為本體。空和體義不相入，以空有自身辯證之關係，亦可立「體」義。

㉖　朱子的此等事業，觀《朱子公文集》中之雜著類及序跋類可知。

㉗　因此，雖然「宋儒」一詞不僅指理學家，但在劃分宋儒中之理學家和非理學家時，並無多大的困難。本文用此詞時，大都指宋理學家。

㉘　用傳統語言來說，即「外王」和「內聖」指得是同一價值的完成，只

是「外王」用來指客體在這完成下的境態，而「內聖」則用來指主體在這完成下之境態。內聖、外王不能相離，亦即修身與成德是同一件事。《易·繫辭傳》<乾文言>「進德修業」並爲君子之行，即是此意。

㉙ 因善而有的情感；也可說是因善而有的意志。不論是情感、還是意志，都是表示一種促使主體行動的一種驅力。如見孺子將入於井時的惻隱之心即是一善的情感。

㉚ 如見孺子將入於井，而救孺子使之免陷於井。對宋前儒學而言，是主體實踐了一善的行爲，使得客體（孺子）的生命得以存活。在理學中，則主體只是依理而行，使得在客體之理（生）得以不消失。由此亦可見出論理傳統的理論模式有所取擇於道家思想，故其價值系統之解釋亦有類於道之價值解釋。亦即將價值回歸於道的現象。

㉛ 如「生生」所含涵的意義，在<繫辭>中雖是天地之大德，然而人與天地並而爲參，則人之生生和天地之生生是平行的，而非迴歸式的關係。而在理學傳統中，則人之生生不過溶合入天之生生而總爲一天之生生的呈現。當然，兩種傳統的理論雖然不同，所表現出的事相則沒有不一樣。

㉜ 故而對於俗世的價值觀，佛家儘有許多安排的空間。如⑪㉑所說，佛家之所以能吸引士人，實亦有其符合儒家道德觀的因素在內。

㉝ 對於朱子來說，世界的實存實植基於理而非氣。

㉞ 這裡所說的發展非指在朱子建立起思想體系的順序，而是指筆者根據自己對朱子思想體系的了解，所建立起來的理序。

㉟ 物理與性理皆可指人物之性，但朱子非常強調物理和性理的差別（詳見第二章第一節），故此處將之分爲兩類。

㊱ 《語類》卷一、卷二即題爲「理氣」，黃士毅<朱子語類門目>曰：太極陰陽，凡形法象者二卷。是此二卷皆屬宇宙論範圍。卷四至卷六題爲「性理」。卷四之副題爲「人物之性、氣質之性」，卷五爲「性情心意等名義」，卷六爲「仁義禮智等名義」；卷四大部分資料本文

將之歸於理氣論範圍中討論，卷五則爲本文討論心性論的主要資料。

❸ 本文所用黎德靖編《朱子語類》版本爲台北，文津出版社，1986年
印行。下文《朱子語類》皆簡稱爲《語類》，並在尾端注明頁數。

❸ 本文所用《文集》版本爲台北，商務印書館，四部叢刊初編縮本。後所
注阿拉伯數字爲引用文字的頁數。

❸ 陳來，《朱熹哲學研究》，頁29。

❹ 陳來，頁22。

❹ 依陳來該書本章第一節所論「理本論」應即是「理本體論」，見頁9。

❹ 唐君毅論理有六義曰：文理、名理、空理、性理、事理、物理。見其
所著《中國哲學原論・導論篇》，頁24。朱子之理至少應包含上所說
文理、性理、事理、物理。然唐先生所言似於朱子之理仍不能盡（如
朱子所說的所以然之理）。

❹ 參見曾陽晴〈朱子與王船山對西銘詮釋觀點之比較研究〉，頁397。

❹ 理氣凝聚爲天地後，是否還有外於天地的理氣？朱子對這問題顯然沒
有明確的表示。然就朱子的宇宙論來看，顯然在時序上，一個時間只
存在一個世界，故似可認爲其態度無寧是贊成沒有外於天地的理氣，
否則理氣既然能生天地，則天地不應只在一個時段出現一個。

❹ 這可以說是思想理論發展的一種常態。意圖往往決定了理論範圍。但
當一理論形成後，卻常常會因思想家欲使其理論趨於完整與一致，而
使得理論向「外」延伸。參見注❺。

❹ 此完整性指不具邏輯的瑕疵而言。意即天地之前的理是否先於氣，可
以不影響到其理氣不離不雜的成立與否，和朱子依其理氣論所建構的
心性論和工夫論。

❹ 《語類》，1—14,4。

❹ 《語類》3—39，43。

❹ 康節說法，請參考勞思光《中國哲學史・三上》頁175—7。

❺ 這裡又顯出朱子理氣論所含的一個矛盾。一方面，朱子描述世界的滅
盡如一必然發生的過程，若此則人的進德修業似也失去其外向目的。

但世界的滅盡若以人道無極爲前提，則就人的一生而言，進德脩業的外向目的乃建立在使世界的滅盡成爲一無限的延遲，藉此以展現天地之生生。

(51) 陳來，頁二一。

(52) 《語類》卷一：「天只是一箇大底物。」天地不能完全抽象化，自然和天地二字本身所包含的歧義有關。天地即使被賦予一些特別的性質，也脫離不開它原所指的蒼蒼之天和廣袤之地的意義。

(53) 理既然不是決定者，則「創生」必定同時溯源於理、氣。

(54) 也許這時期的理氣關係有不合乎創生價值的地方，然而這些任何其他的關係是和這世界的創生無關。故而這世界的「源頭」可說是純善的。這又是理學說明世界原是價值存在的一個例證。

(55) 《文集》卷六七，頁1244。

(55) 此如《書經》所言之「天工人其代之」，《論語》、《孟子》所言之「親親、仁民、愛物」皆是例證；而《荀子》的以物養人之欲則最爲直接明顯。

(57) 中村元，頁238：

中國人高度重視包括人在內的世間等級秩序，所以他們在人與其他生物之間，建立了明顯的區別。

(58) 陳來已先提出這個觀點，見上書，第一部分第四章<人物理氣同異>，頁58－9。

(59) 所引《孟子》原文依據楊伯峻《孟子譯注》。括號內數字爲書中段落編號，下文同。

(60) 仁義內在的問題請看《孟子》11－1,11－4,11－5。

(61) 《文集》《延平答問》辛已八月七日書。

(62) 《文集》卷三九，<答元聘>第二。

(63) 似乎朱子這裡所說是氣同理異，陳來並未討論這種說法。

(64) 《文集》卷五十，<答程正思>第十六。

(65) 《文集》卷六一，<答嚴時亨>第三。

(66) 以下所述見陳來，頁56－68。

(67) 陳來，頁67。

(68) 陳來，頁68。

(69) 陳來，頁67。

(70) 這些可以從朱子在論述人物理氣同異時所引例子可知。陳淳的《北溪字義》也有同樣的缺點。當然這可說是宇宙論必有的現象，因宇宙論必須面對這世界的諸多存在物作一說明。然而問題在於對這些陳述，朱子並沒有進一步反省其間另外引發的問題。例如在這個例子中，朱子對於性理「量」的問題，並沒有做很好的解決（這牽涉到性理是否可以分割的問題），而性理量的問題和其重要的格物致知說有重大的關連。

(71) 尤其是在對理、太極作一整體描述的時候。

(72) 相關資料請看：張立文，《朱熹思想研究，下冊》，第九章第二節論朱子「氣稟有定」處之朱子引文，頁586－96。

(73) 《語類》卷四：

問：「枯槁有理否？」曰：「才有物，便有理。天不曾生箇筆，人把兔毫來做筆。才有筆，便有理。」又問：「筆上如何分仁義？」曰：「小小底，不消恁地分仁義。」(61)

第一個問題可以說是存有宇宙論的問題，可以不牽涉到價值問題。第二個問題卻是將道德價值也牽涉進來，朱子此處雖說「不消恁地分仁義」，然而在其他地方，他常常要將二者牽涉到一起，使得價值的問題成爲實然的現象描述，不但破壞了價值的問題，也使得其宇宙論平添許多葛藤。

(74) 朱子對橫渠這種判分有所批評。在《語類》卷九八，有三條記錄：

橫渠言：「凡物莫不有性，由通蔽開塞，所以有人物之別：由蔽有厚薄，故有智愚之別。」似欠了生知之聖。(2515)

橫渠此段不如呂與叔分別得分曉。呂曰:「蔽有淺深，故爲昏明；蔽有開塞，故爲人物。」(2515)

或問：「通蔽開塞，張橫渠、呂芸閣說，孰爲親切？」曰：「與叔倒分明似橫渠之說。看來塞中也有通處，如猿狙之性即靈，豬則全然蠢了，便是通蔽不同處。『本乎天者親上，本乎地者親下。』如人頭向上，所以最靈；草木頭向下，所以最無知；禽獸之頭橫了，所以無知；猿狙稍靈，爲他頭有時也似人，故稍向得上。」(2525)

由這三段話可以看出橫渠思想與朱子思想部分的不同。橫渠的分法，可以說割截人物的差異，如物中沒有價值的問題，故其理氣論構設和價值意見衝突的地方較少；而且「欠了生知之聖」，也是橫渠思想中不特重氣稟對修德的影響，而強調人的學就可以改變氣質。朱子的「理」的構想複雜，而他的理氣系統可以說是一無所不包的系統，而且在無所不包之中還想會通爲一，故其解釋不免有牽強零瑣之嫌。

⑦⑤ 亦即人物的截然差別不復存在，有的只是連續的程度差別。這使得在道德的位置上，人可退墮至物的地位，而物也可進至人的地位。人的退墮在儒學裡倒是不乏前例。然而物進至人的地位，若也能分擔人的道德責任，則恐怕連朱子也不會肯認。

第二章　朱子的心性説

第一節　朱子「性即理」説釋義

　　近人常以「性即理」與「心即理」判分朱子與陽明兩家學説的差異。然而若單純地以這兩命題爲兩家學説重要差異之所在，難免有簡略含混之嫌，因爲前一命題——「性即理」——亦爲陽明所肯定。而且就如另外一種區分朱、王兩家學説的概稱——「理學」、「心學」——一樣，這種簡略含混的判分，將誤導一些粗涉宋明理學的人、甚而是一些研究理學多年的學者。

　　與「理學—心學」不同的，「性即理—心即理」因爲是兩命題，其本身傳達的意義自然遠多於只是兩個名稱語詞的「理學—心學」。「理學—心學」既然只是名稱語詞，其使用方式是一定義式的使用，只要兩詞的定義和兩詞的字面意義有所關聯，其內容範圍是較寬廣的。命題是由較多的字組合而成，一方面在闡釋上要照顧到較多的組成成分，另一方面也受到句式的影響；故其內容闡釋絕不似「理學—心學」只是一定義的給予。命題的意義有更多的限制，我不贊成用這兩命題作爲程朱、陸王學説差異的判準；倒是「心具理—心即理」的對照方式比「性即理—心即理」的對照方式，在陸王並沒有很豐富的宇宙本體論的情形之下，很恰當地表達了兩人對於心的概念結構和「心」、「理」關係的不同看法。

　　稍為比較一下，就可以知道兩對命題概稱的優缺點在那裡。「性即理—心即理」所牽涉到的是兩個不同的概念（性、心）對另一概念（理）的相同關係（即），它們之間既不蘊含對立的關係（亦即兩命題並不互相排斥，如「性即理」也為陽明所肯認），也很難形成對照的關係（亦即它分別分訴了我們程朱思想的性、理關係，卻沒有告訴我們其心、理關係；告訴我們陸王的心、理關係，卻沒告訴我們陸王的性、理關係；而如果以程朱的性、理關係去比照陸王的心、理關係，則又因為兩命題不是對立，也難以比較）。「心具理—心即理」卻是兩個相同的概念（心、理）之間的不同關係（具、即），其對立與對照的情形都非常清楚；而且將之回映到朱子、陽明的系統去勘覈其代表性與含括性，至少就「對比」的立場來說，都非常恰當。

　　但反對將「性即理」、「心即理」當作兩家學說差異的判準，絕非反對兩命題在各別體系的重要性。如果將兩命題放回到兩人各自的思想體系去考察，無疑地，其豐富的意涵，對兩人思想的重要性絕不容否認。下文即卻從重新檢視朱子「性即理」的思想內涵，以確定此命題在朱子理論中的重要地位。「心具理」則在下二節中討論。

　　「性即理」用現在的詞語來說，就是「性就是理」。「即」表示一種相等關係。然而就如上一章所說，朱子理的意義含有一時序行程。雖然不可說在不同的時序行程時，理的內容一定不一樣；但是在不同的行程中，「理」字一詞所指涉的具實意涵卻有所不同。因此，在這樣的情形下，「性即理」一詞意義可以有多種可能的方向，其確切的意義如果不能照顧到這種多樣性，將使

此命題的意義不能完全被解明，此一命題在朱子思想體系的重要性也將相對減弱。

　　首先，性與理的差異須先被確立，否則性理無別的話，「性即理」一詞即陷入同義重複之窘境。除了一種形式上的規定之外，它的意義也必因此而枯竭。

　　在朱子思想中，性與理到底有什麼差別？

　　其差別主要有二：一、從縱的來說有時序行程上的差別，亦即理和性在朱子宇宙論中的存在區段有所不同，理貫穿整個宇宙行程，而性卻只在有形氣之物存在時才存在❶；二、從橫的來說有「人性─物理」、「心性─事理」的差別。以下即先分別從「人物之性與理氣之理」、「性與物理」、「性與事理」三方面來分別討論朱子「性即理」的含義。然後再從理的兩種形式規定討論這一命題所需面對的其他問題。

　　從時序行程而言，性的存在要在理氣之理的後面；而這種時序在後的不同，代表了一種理氣關係的轉變。這種轉變說明了理氣關係的具實場境，已使得性不能等同於一純理的觀念。《語類》卷九五，朱子解釋明道的話云：

　　　「纔說性時，便已不是性」者，言纔謂之性，便是人生以後，此理已墮在形氣之中，不全是性之本體矣，故曰「便已不是性也」，…大抵人有此形氣，則是此理始具於形氣之中，而謂之性。纔是說性，便已涉乎有生而兼乎氣質，不得為性之本體也。然性之本體，亦未嘗離。要人就此上面見得其本體元未嘗離，亦未嘗雜耳。

在此條下有小注曰：

> 未有形氣，渾然天理，未有降付，故只謂之理；已有形氣，
> 是理降而在人，具於形氣之中，方謂之性。已涉乎氣矣，
> 便不能超然專說得理也。 (2430)

性、理在這宇宙形成的時序行程中，其意指有所不同。理所指乃一未有形氣、未墮在形氣之中、不涉氣質的理；而性卻是涉乎有生而兼乎氣質的理，故說「不能超然專說得理也」。性、理此時所指涉的差異，非本質上的差異，而是關係上的差異；有如「在桌上的橘子」和「橘子」的不同。橘子固然還是橘子，然而「在桌上」卻給予橘子一種限定，使得「在桌上的橘子」和「橘子」本身有所不同（如在桌上的橘子已失去往下掉的可能）。這種不同，卻不是橘子之自身有了變化，而是橘子所處的場境，使得我們在概念不能只是再以對待「橘子」般地去對待「在桌上的橘子」。那麼理和性的關係限定有何不同？主要的差別即在於性「已涉乎有生而兼乎氣質」、「已涉乎氣」。而這種關係限定，則因「生」而有。由此可知，性和「生」有著密切的關聯。就「生」的過程——人物由不存在到存在的一種過程——而言，性表示在「生」完成時，人物所含有的理和「生」未開始時的那個純一之理的關係；亦即性表述出人的存在狀況的一個面向，也是人一存在伴之而隨的價值境況。而人的存在和這種價值境況的同一性，為朱子格物致知的理論提供了一背景基礎，和整個格物致知理論的先行決定的理論架構。❷而人性與物理、心性與事理的關係，則為這背景基礎和理論架構提出了更細緻的說明。

這種在宇宙形成時程中的不同，提供了儒學強調修養時的一有意義背景；亦即這種不同，說明了「最終存有」與具實的「個

別存在」之間的價值差異。這種價值差異，建立了所謂的「道德二元性」，使得「惡」的概念在此得到說明。而「理無不善」這一形上的形式規定，落實成為個別物的「性善」，如何還能將修身解釋成一現實的實踐問題，就靠著這價值差異來說明。

上面所說的「背景」意義還不止於此。「纔是說性，便已涉乎有生而兼乎氣質，不得為性之本體」，朱子顯然在此預留了一修身的方向，即是「復性」（因「性之體，亦未嘗雜」，所以說「復」）❸。然而這邊卻產生了一個理論上的問題：「復性」之後，；性與形氣的關係又如何？亦即復性之後「涉乎有生而兼乎氣質」的情況就改變了嗎？顯然就人的存在來看，人不能脫離氣質（形氣）的狀況而存在。故所謂的復性，不能說是由墮在形氣中之理返回在宇宙不涉乎氣的超然之理（這是一種倒逆宇宙時程的客觀描述，在朱子理論中或在實際經驗中都是不可能的），而只能解釋為墮在形氣中之理與此形氣有一正向的價值聯系（這是主觀修養境界的描述）。既然如此，則理氣並存的狀況不一定就是一種負向的關係，那朱子用宇宙論的方式，安排此「道德二元性」於宇宙時程中，就值得商榷，亦即理在氣中既然仍可保持其超然而不受制於氣的狀況。若此，性因生而產生的關係限定，不一定就會產生惡，那惡即無法安頓。❹

這問題已牽涉到整個宋明理學的一個基本論題——性善。和其他理學家一樣，朱子也不把惡的存在視作是一本質性的存在，而道德的二元性也不一定要藉著一本質性的惡才能說明。只要證成「惡的可能性」的存在，道德價值的方向問題即可解決。但在〈答蔡季通〉第二書，朱子說：

人之有生，性與氣合而已。然即其已合而析言之，則性生
於理而無形，氣主於形而有質。以其主理而無形，故公而
無不善；以其主形而有質，故私而或不善。以其公而善也，
故其發皆天理之所行；以其私而或不善也，故其發皆人欲
之所作。此舜之戒禹所以有人心道心之別，蓋自其根本而
已然，非爲氣之所爲有過不及而後流於人欲也。然但謂之
人心，則固未以爲悉皆邪惡，但謂之危，則固未以爲便致
凶咎；但既不主於理而主於形，則其流爲邪惡以致凶咎亦
不難矣。（《文集》卷四四，頁739）

「析言之」之性即性之本體，亦即重在與氣不雜的方面說。在這
段以性、氣對言的文字裡，朱子有意用對顯的方式來表示出他對
善、惡在人的概念結構的看法。「公而無不善」對照「私而或不
善」，「無不」是一全稱命題，「或不」是部分命題，惡之沒有
本質存在所導致的必然性於此可見。以下接著言「以其私而或不
善也，故其發皆人欲之所作」，部分命題（或不善）又變爲全稱
命題（皆人欲之所作）。乃至下面所說「蓋自其根本而已然，非
爲氣之所爲有過不及而後流於人欲也」，又似將惡的存在和氣的
本質連結在一起。然接下去所言，又明言惡之沒有必然性，只是
「其流爲邪惡以致凶咎亦不難矣」。「不難」和「必然」還是有
所差距。朱子這段表面矛盾的話，實際上並不矛盾。問題就在於
「人欲之所作」的「作」字上。和「作」字相對的，是「行」字。
然而，作和行卻有所不同。行是已經發生的動作、狀態，作卻是
剛要發生的動作、狀態。因此在這裡，可以說主於形質的氣之發，
「都是」可能轉變爲人欲的一個起點。

《語類》卷四：

> 問：「天理變易無窮，由一陰一陽，生生不窮。『繼之者
> 善』，全是天理，安得不善！孟子言性之本體以善者是也。
> 二氣相軋相取，相合相乖，有平易處，有傾側處，自然有
> 善有惡。故稟氣形者有惡有善，何足怪！語其本則無不善
> 也。」曰：「此卻無過。」…曰：「既謂之大本，只是理
> 善而已。才說人欲，便是氣也，亦安得無本！但大本中元
> 無此耳。」(68)

對於理因宇宙行程的進行而產生的關係性轉變，使得人物所
含具的性可以被兩種觀點所觀照。這兩種觀點，一則在強調人存
在時主體所含具的理和宇宙本體的聯繫，即下文所說「理一分殊」
的宇宙本體和個別存在本體的模式，並由此而立一人和善的基本
關係；一則在強調人存在時主體所含具的理和宇宙本體雖沒有本
質上的差異卻有處境上的差異，這種差異導至惡發生的可能性。
「性即理」，在表面上，雖然是前一觀點的正面述敘，但實際上
也蘊涵了後一觀點的內容。因此，「性即理」比上一節的理氣本
質結構，進一步說明了人存在時，善、惡與人的關係。

這種本質的不變與關係的轉變，也使得朱子分出天地之性與
氣質之性。《語類》卷四：

> 論天地之性，則專指理言；論氣質之性，則以理與氣雜而
> 言之。未有此氣，已有此性。氣有不存，而性卻常在。雖
> 其方在氣中，然氣自是氣，性自是性，亦不相夾雜。至論
> 其遍體於物，無處不在，則又不論氣之精粗，莫不有是理。
> (67)

「氣自是氣，性自是性，亦不相夾雜」言性氣不雜，故理雖雜氣質而爲性，但其本質並不因與形氣不離而有所改變；「遍體於物，無處不在」則又言性氣不離，故雖本質不變，然不能否認其關係性的改變的重要性，故朱子又常引程子所說「論性不論氣，不備；論氣不論性，不明，二之則不是」，並以此言解釋孔子、孟子、荀子論性之同異。❺

從本質上來說，氣質之性即是天地之性。然而因關係的不同，天地之性與氣質之性所指又有差異。這種差異，也就是第一章第三節討論人物異同時，所論的性理異同。

天地之性與氣質之性的異同也印合朱子「理一分殊」的說法。天地之性是理一，氣質之性是分殊。一方面，「萬物一太極」說明，在這世界上各個各別存在物的存有聯繫，就天地之賦與萬物而言，萬物所含具之性皆爲天地之性並無差異。一方面，就「物物一太極」而言，物物之太極雖然即是天地之性，然此太極已爲物物之所有，此太極在理論上雖乃具有「全理」的性質，然因已爲物所有而爲物所限，此即氣質之性。氣質之性使得性之整全破裂而趨向分殊。對於人來說，這種破裂是遮隱的，要去除這種隱蔽，就需要做格物致知的工夫才能回到整全；對於物來說，這種破裂卻是蔽塞不通的，無法改變的狀況，所以物只好在這種破裂中呈現其偏「具」之理。

平舖方面來說，則性與物理、事理都有差別。物理即「理在物」之理，不和人之性對稱時，又可稱爲物性。《語類》卷九五：

> 伊川言：「在物爲理。」凡物皆有理…(2420)

《語類》卷九八：

理者物之體。(2510)

又曰：

所謂性者，人物之所同得：非惟己有是，而人亦有是；非

惟人有是，而物亦有是。(2511)

朱子繼承伊川對人物之別的判分，上一章第三節已討論過。

人性和物性可說同說異，說同是為了完成價值存有論和宇宙本體

論的聯接。說異則是一種價值實踐能力的偏植，說明人為完成價

值唯一的實踐者。「性即理」的涵義若放在這人性與物理的分說

來看，則「性即理」給予朱子格物窮理工夫一理論依據與一特殊

的表徵——格物窮理雖有主客之分卻不是外逐而是合內外之道，

亦即人如何通過與外物的正面交接而完成自我，而且在這過程之

中外物對我的呈現也因主體自我的完成而有意義。在由格物而致

知的過程當中，人一方面面對和涉入外界事物的殊多，一方面仍

能維持人之作為一主體的整一。使得此時性（人或說心）和理

（物）的關係類似於太極之理和萬物之理的關係。

對朱子來說「心具衆理」（詳見下節），此「衆理」即是性；

朱子也常說心具此理，此「此理」也是性。性如太極般，是衆理

的形式綜合。在「理一分殊」時，人性並不因著「氣聚成形，理

亦賦焉」的理氣先後關係的倒轉，而使得這「分殊」永遠和理一

有著分隔；物理則不然。物理既成分殊，就只能依其氣稟之所限

如是地呈顯。故就人性與物理而言，可說是另一種「理一分殊」

的關係。在朱子的格物論中，窮格的對象既是「物」，此物不能

就是性，故格物所得之理不是「理一分殊」的一，而是衆多的分

殊的一，這使得朱子必須強調格物是一積累工夫，否則物理受到

氣稟偏限的規定將被打破，而人也就不再是唯一的道德實踐主體。

　　另外，「性即理」也被用來指在心之性和在事之理的關係，《語類》卷五曰：

　　　　性即理也。在心喚做性，在事喚做理。

朱子的理氣論在此又必須作一種更為曲折的轉變。上一章第一節已說過在宋儒之前的儒學較偏重於論事，亦即儒學的價值體系是建立在以事為價值場景的情況之下。然而理作為一種宇宙本體本身應是一實體而不是一種關係，然而在事之理卻是一種關係而非一種實體，是一種規定關係或表述關係的理則。如我們可說人性、物性，卻不可說是事性，性作為一種內具於人物的實體，不必牽涉到其他外在物的存在就可以存在。然而「事」卻是指物與物之間的關係。我們能想像一個實體產生另外一個實體，卻無法想像一個實體在產生另外一個實體時還能賦與另外一個實體一種「關係」。當然，「生生」這種過程所產生的關係例外。然而「生生」作為實體與實體之間的關係時，是一種相互關係，它產生於過程而非產生於母體，因此它也不能說是母體賦與子體的一種東西。

　　這不能說不是朱子價值存有宇宙論的一個缺陷，然而這也顯出「價值」這個概念的獨特性，價值是被創造的，它本身是一種關係性的存在而非一種本質性的存在，亦即它是存在於行動之後而非之前，人只能在實踐中去創造它。因此，諸如「性善」、「性惡」此類的道德預設，從這個觀點看，事實上都有這種本質性的理論缺限，因如果它們（性善之性與性惡之性）能決定價值的必然出現或不出現，就無所謂價值取向的問題，而任何道德的理論都將崩潰。故不管是孟子性善或荀子性惡，都還要加入其他的

理論，以保持其道德二元論。

　　由此缺陷，可以看出由一價值存有，要解說實際的價值實踐時類似本質性存有的性（在時序上是屬於過去，已存在的）必須轉變成一種關係性（在時序上它可以有著形式上的先存，然卻須在實踐中才能被踐履）的理。這點只要和朱子對於性的內容的規定、性質的描述是相符的。這種轉變可以在朱子「所以然而不可易」與「當然而不容已」這兩種對於理的描述中得到最顯明的表露。

　　在朱子的本體宇宙論中，理的前存性（對於氣、物、事來講皆然）是無疑義的。對於這種前存性，朱子以「所以然不可易之理」作為理的一種形式規定，一種由「已然」往回推的理。這種形式的理落實到萬物萬事的分殊中，似乎會有一些具實的內容，然而若要將這些具實的內容再推回到一理的統合時，就只能作出形式的規定而無任何具實的意義。如刀「能」殺人的具實理由應可說是：刀的質料硬度大、刀刃的受力面積小，以刀殺人時，刀刃所產生的壓力很大，所以刀能殺人。然而刀能殺人的理由卻不能用以解釋何以船能行水不能行陸。但朱子卻可以說刀能殺人有刀能殺人的所以然之理，船能行水不能行陸也有其所以然之理。萬殊的任何理皆可以作這樣的綜合，而得出一個唯一的形式之理，然而這形式之理的存在並不直接解釋分殊的萬物，它只是成為一個定然的存有，可以作為萬物產生的歸因，以及萬物出於同源的說法。然而若所以然而不可易只是一形式的解釋，則它實在不能給予我們任何價值取向的導引，讓我們走向一道德世界，因它只是實然的背後理由，沒有任可指向未來的意味。

　　朱子用了「當然不容已之理」——另一種形式之理——來解決「所以然不可易之理」會產生的問題，就如其將人物之性偏轉成事理（在《大學章句》中，朱子以「事」釋「格物」之「物」字）。刀能殺人這是刀的物理、刀的「所以然不可易之理」；應不應該拿刀殺人這是與人有關的事理，它顯然不似刀「能」殺人這般容易確定，在不同的場合下，可能有不同的答案。所以它是未定的、是一應然性的問題，然這種應然性因實現場境的不同而具不確定性。和所以然不可易之理一樣，當然而不容已之理也是一種形式綜合。我們可能可以肯認「不能殺人」是一當然不容已之理的具實內容，然而這具實內容依然無法直接解釋「應當孝順父母」、「不可偷竊」等具實的當然不容已。

　　《大學或問》云：

> 天下之物，則必各有所以然之故，與其所當然之則，所謂
> 理也。❻

所以然之故、當然之則皆是理。《語類》云：

> 所以然之故，即是更上面一層，如君之所以仁。蓋君是箇
> 主腦，人民土地皆屬它管，它自是用仁愛。試不仁愛看，
> 便行不得。非是說爲君了，不得已用仁愛，自是理合如此。
> …又如父之所以慈，子之所以孝，蓋父子本同一氣，只是
> 一人之身，分成兩箇，其恩愛相屬，自有不期然而然者。
> …龜山曰：「知是知此事，覺是覺此理。」且如得君之仁、
> 臣之敬、子之孝、父之慈，是知此事也。又知得君之所以
> 仁、臣之所以敬、父之所以慈、子之所以孝，是覺此理也。
> (383-4)

由這裡所說的分殊（君仁、忠臣、父慈、子孝）來看，所以然之理和當然之則的形式綜合地位就顯得非常明確。所以然的解釋可以將人的道德行爲回映到一價值存有宇宙論的解釋中（父子本同一氣云云），而當然之則則使人確實地從事一合乎道德之行爲。然而不只此，當然不容已，還表明了一種道德的迫切感，《語類》云：

> 或問：「理之不容已者如何？」曰：「理之所當爲者，自不容已。孟子最發明此處。如曰：『孩提之童，無不知愛其親；及其長也，無不知敬其兄。』自是有住不得處。」
> （414）

透過這種迫切感，朱子將人的某些合乎道德標準的行爲，直接連結於人的性理之中，形成格致基礎的「已知之理」（詳見第三節）。而「所以然不可易」和「當然不容已」的解析，一方面能證成人心中之性理在價值存有宇宙論中的獨特地位，一方面也說明它在人的道德踐履中的重要性。這點由朱子以理、事分判「所以然不可易」、「當然不容已」最可看出：

> 廣曰：「『所以然而不可易』者，是指理而言；『所當然而不容已』者，是指人心而言。」曰：「下句只是指事而言。凡事固有『所當然而不容已』者，然又當求其所以然者何故。其所以然者，理也。理如此，固不可易。又如人見赤子入井，皆有怵惕、惻隱之心，此其事『所當然而不容已』者也。然其所以如此者何故，必有箇道之不可易者。」廣曰：「大至於陰陽造化，皆是『所當然而不容已』者；所謂太極，則是『所以然而不可易』者。」曰：「固是。」

(414—5)

在這種事理不離不雜的結構中，又顯出朱子理氣關係的原型。然而陰陽造化其實是氣的作用，相應於人的概念結構，即是心的作用。故性作爲「所以然之理」的綜合固有類於統體之太極而可不涉乎氣，然性若作爲「當然不容已」之理的綜合，則必定要涉乎心的概念，並由此才能進一步解明人的道德實踐和格物窮理的關係。這些都是下二節要討論的重點。

由「性即理」這一命題，可以見出朱子思想的舖設。他對於如何將本體宇宙論和道德價值接合的問題，的確作出了偉大的貢獻。這也是其前的理學家努力所要達成的目的。由此而論，則朱子確可稱之爲其前理學的集大成者。然而對於道德修養、實踐等等較接近傳統儒學的問題，卻不是本文至此所論所能解決的。眞正與傳統儒學接榫的工作，雖在「性即理」時已跨出一大步，然而這一步卻只是踏對了方向，離目的地還有相當距離。對朱子思想體系而言，要眞正完成一理氣論下的道德學說，非對「主體」的核心概念——心——有一完備的說明不可。

第二節　　心統性情

前文所述理、氣、性三概念，雖皆和人作爲一主體有關，然而卻都不能構成一明確的主體概念。理與氣的關係，解釋了人的發生、存在的場境，性說明了人所具有的理；然而這些都不能解明人作爲一主體存在的主體性。人的主體性不能被解明，則儒學中所強調的道德價值的意義將完全落空。

　　就如在其前的許多儒者一樣，朱子擇取了「心」作爲闡明其
主體概念的語詞。在一個他常使用的譬喻中，可以見出心與人的
特殊關係：

　　　命猶誥敕，性猶職事，情猶施設，心則其人也。(82)

　　　命便是告劄之類；性便是合當做底職事，如主簿銷注，縣
　　　尉巡捕；心便是官人；氣質便是官人所習尚，或寬或猛；
　　　情便是當廳處斷事，如縣尉捉得賊。(64)

「心則其人也」、「心便是官人」都顯示出「心」才是人作爲一
行爲主體最主要的概念。

　　在從宇宙論過接到道德倫理學的過程中，主體的概念可說是
一個最後的概念。因爲至此，一切和道德實踐相涉的問題才能被
解明、也必須被解明。因而，伊川「性即理」的說法雖對朱子有
重大的啓發，然若無橫渠的「心統性情」一語，則朱子整個道德
思想體系要如何聯繫就成了一重大問題。《語類》卷九八：

　　　「惟心無對」、「心統性情」，二程卻無一句似此切。
　　(2513)

「惟心無對」說明了心概念在這種「理氣→心性」的構設中是最
終綜合的概念，它含具的主體概念最接近於「人」、「己」等初
始的整全描述詞語。就橫渠而言，此語在其思想體系中，有著非
常明顯的體系結構的意義：

　　　由太虛，有天之名；由氣化，有道之名。合虛與氣，有性
　　　之名；合性與知覺，有心之名。（《正蒙》〈太和篇〉）

太虛與氣化對（即虛與氣對），天與道對，性與知覺對；而結構
中最下層之心則無所對。可以說在橫渠思想中，「太和」與心固

占在此一理論結構之兩端,而處於無對的狀態。

　　而朱子更以「心統性情」來具實「惟心無對」在其思想體系中的的意義。由此可見「心」概念在朱子思想中的樞紐地位。《語類》云:

> 或問:「靜是性,動是情。」曰:「大抵都主於心。『性』字從『心』從『生』;『情』字從『心』從『青』。…」(91)

> 舊看五峰說,只將心對性說,一箇情字都無下。後來看橫渠「心統性情」之說,乃知此話有大功,始尋得箇「情」字著落,與孟子說一般。孟子言:「惻隱之心,仁之端也。」仁、性也;惻隱,情也,此是情上見得心。又曰「仁義禮智根於心」,此是性上見得心。蓋心便是包得那性情,性是體,情是用。「心」字只一箇字母,故「性」、「情」字皆從心。(91)

> 人多說性方說心,看來當先說心。古人制字,亦先制得「心」字,「性」與「情」皆從「心」。以人之生言之,固是先得這道理。然才生這許多道理,卻都具在心裡。…今先說一箇心,便教人識得箇情性底總腦,教人知得箇道理存著處。(91)

豈止「性」、「情」從心,乃至「意」、「志」等和道德踐履密切相關的重要字詞都非先從心字上討個分明不可。而這些字詞正是儒學在構成其道德思想時,所避免不了的語彙。對於朱子這麼一個特別重視名義的思想家來說,「心」的概念就顯得特別重要。在種種關於人的內在情志和外在行為的解釋中,心都是居於樞紐

地位。以下即從「心的性質與作用」、「心與性、理」、「心統
性情」三方面來闡述關於朱子的心概念。

《語類》卷五：

心者，氣之精爽。(85)

這句話說明了，心的本質實是氣而不是理。然而雖然不是理，心
的概念也非單獨的氣概念即可闡明：

問：「知覺是心之靈固如此，抑氣之為邪？」曰：「不專
是氣，是先有知覺之理。理未知覺，氣聚作形，理與氣合，
便能知覺。…」問：「心之發處是氣否？」曰：「也只是
知覺。」(85)

心的重要作用之一即是知覺，然而這重要的功能卻是「理與氣合」
的結果。同樣的，心也是理與氣合的結果。

然而「理與氣合」與心的關係，正像「理與氣合」與性的關
係一般，只是說明了心的存在場境並非說明心的構成素質。心的
構成，應還只是「氣之精爽」。《語類》云：

今先說一箇心，便教人識得箇情性底總腦，教人知得箇道
理存著處。（91）

諸儒論性不同，非是於善惡上不明，乃「性」字安頓不著。
(84)

心為道理存著處，即心為性之安頓處。這裡朱子顯然借用其理氣
關係來論其性心關係。故錢穆說：「朱子之論心性，亦猶其論理
氣。」❼氣雖為理的安頓處，但理非氣；心雖為性理的安頓處，
心也非性理。

然而不同於氣之陰陽、清濁、明暗，心卻只是氣之精爽，而

和氣有所不同。《語類》云：

> 心比性，則微有跡；比氣，則自然又靈。(87)

> 心、意猶有痕跡。如性，則全無兆朕，只是許多道理在這裡。(95)

心雖屬氣，卻比氣靈。這似乎有點矛盾。然而朱子意顯然在指出心是一種特殊的氣（氣之精爽），是氣中與理較接近的成分所成；就如在人物異同的問題上，朱子亦以不同性質的氣來說明人物的差異。這使得心界居於理氣之中，雖屬於氣，卻有一種與理的特殊關係。這種關係一方面為靜態的存置，即性在心中；一方面為動態的察覺，即心的知覺功能。《語類》云：

> 性便是心之所有之理，心便是理之所會之地。(88)

> 心以性為體，心將性做餡子模樣。蓋心之所以具是理者，以有性故也。 (89)

這說得都是靜態的關係。《語類》又云：

> 所知覺者是理。理不離知覺，知覺不離理。(85)

> 問：「心是知覺，性是理。心與理如何得貫通為一？」曰：
> 「不須去著貫通，本來貫通。」「如何本來貫通？」曰：
> 「理無心，則無著處。」 (85)

> 所覺者，心之理也；能覺者，氣之靈也。(85)

這三條資料是動態的關係。靜態的關係只刻劃出心性存於人的結構關係；動態的關係卻是建立在「知覺」這一動作上，和人的行為實踐直接相關。「理不離知覺，知覺不離」說明了知覺這一動作是以理為對象，沒有理作為對象，知覺是不可能發生的；另一方面理雖然是以性的面目具存於心中，然而這種靜態的結構關

係，若不經過「知覺」的作用，則這種靜態的關係，將永遠只是一靜態的關係而無法轉化入實際的實踐行為之中，所以反過來也可以說理不離知覺。「所覺者，心之理也」，說明心的知覺作用在實際運作時，雖是指向外物所具之一偏之理，而結果所覺的卻是心中之性作為一種全理的一部分。（關於格物致知的詳細分析，請看下節。）「能覺者，氣之靈也」實際所指即是心。另一條資料，則更緊密地綜合表述了靜態關係與動態關係的聯結情形。「不須去著實通」說明結構性的靜態關係是前存的（前存於知覺的作用），「理無心，則無著處」說明了此結構的內容。「心是知覺，性是理」，則直接點明心所覺之理即是性。

「心是知覺」說明了心的主要作用是知覺。這一方面可以指心具有知覺的能力，一方面可以指心在知覺。前者不需涉及另一物的存在，只是對心的能力的表述；後者即是指心在使用它所具有的能力，是心的一種動作。朱子並以此來判定心的已發未發。未發時，雖因無理可對，知覺的能力若似無有（知覺不離理），然心的知覺能力的存在卻不容懷疑。已發時，則能覺與所覺相對，說明了知覺為主體加之於客體的一種能力。

心的另一主要作用，則是「主宰」。《語類》有好幾條語意類似的記載指出這點：

> 主於身者為心。(88)
>
> 心有主宰之義。(89)
>
> 合如此是性，動處是情，主宰是心。(89)
>
> 心是主宰於身者。(90)
>
> 到主宰運用卻在心。(90)

> 心，主宰之謂也。(94)

心的主宰作用，就如同知覺作用一樣，雖在動作云為時最能看出「主宰」的作用，然而即使在沒有動作云為時，主宰的能力仍在。《語類》云：

> 動靜皆主宰，非是靜時無所用，及至動時方有主宰也。言
> 主宰，則混然體統自在。(94)❽

心的主宰能力既為人行為的動因，則行為的道德結果，不管善惡，自然也都須歸因於心：

> 問：「心之為物，眾理具足。所發之善，固出於心。至所
> 發不善，皆氣稟物欲之私，亦出於心否？」曰：「固非心
> 之本體，然亦是出於心也。」(86)

> 或問：「心有善惡否？」曰：「心是動底物事，自然有善
> 惡。…離著善，便是惡。然心之本體未嘗不善，又卻不可
> 說惡全不是心。若不是心，是甚麼做出來？…」(86)

「若不是心，是甚麼做出來」，既然心的主宰能力隨時具在，則不管是善行惡行，若不通過心的主宰能力是不可能化做行為的。既然善惡皆被歸因於心，朱子又為什麼一再辯說「心之本體未嘗不善」？這就需從心與性的結構關係深入討論。至於心的這兩種主要作用有什麼關聯，將在第三節討論。

朱子論心性關係時，常常愛用如下的譬喻：

> 心以性為體，心將性做餡子模樣。（《語類》，89）

> 心是虛底物，性是裡面穰肚餡草。（《語類》，1426）

更愛引康節「心者，性之郛郭也」一語。從這些形容中可以知道朱子的心性關係，基本上是一空間關係，而這種空間關係，使得

要完全將心與性區別開來有著特殊的困難。性在心裡面自有一區
域，分別性於心較無問題。然而心包含性情形就不相同了。要提
到心，就避免不了將性也說進去。「心以性爲體」正好說明了這
種情況。這種情況又如說「蘋果核」（性），人們不會將他想成
蘋果（心）；然而若說的是「蘋果」，人們也不會將它想成是「沒
有蘋果核的蘋果」，而會將之想成是一個有著蘋果核的蘋果。這
時心和性的關係，將轉變成心的一種特殊本質。❾不先理解這種
特殊本質，要完全理解心是不可能的：

> 此兩箇說著一箇則一箇隨到，元不可相離，亦自難與分別。
> 捨心無以見性，捨性又無以見心。(88)

從人的概念結構而言，「心性不可相離」固是眞。然而，從概念
上說，卻存在著上述「心包性」的關係，這種關係使得心、性相
對的關係是不能倒轉的（亦即不能說是「性包心」）。所以朱子
又言：

> 如云盡曉得此心者，由知其性也。(90)

心、性的這種關係，朱子又常用「心具衆理」來形容它。既
然這種關係是人的概念結構，它也是先天的。而且這種關係主要
是來說明心的。《語類》云：

> 心之爲物，衆理具足。(86)
> 心之所以具是者，以有性故也。(89)
> 性是理之總名，仁義禮智皆性中一理之名。(93)
> 心之全體湛然虛明，萬理具足…(94)

從上所引第一、二條資料，可知心所具之衆理，即是性。性爲什
麼可以被說成是衆理，在上一節討論人性與物理（即使事理亦然）

時已討論過，這裡的第三條資料亦是一證。第四條資料則說明上文所言心包性的情況，朱子這裡顯是把性也算到心裡頭去了。

這裡要特別注意的是：「心具眾理」只與上文所說心的兩個主要作用的其中一個——知覺——有密切關係。因此表面上心、性關係似乎不直接和人的實踐行為有關。然而，心作為一整體概念，它的完整性是先天的，而涵藏在它之中的兩種作用必然也需發生某種一致的關係，否則心的作用被分割，心的完整性也必將破滅。❿

另外一個與心、性有關的概念，則是「心與理一」。依上文所說，「心與理一」似乎也可用來形容心、性的結構關係。但朱子在用此詞時，所想表達的，顯然不止於此：

> 心與理一，不是理在前面為一物，理便在心之中。心包蓄不住，隨事而發。(85)

「理便在心之中」說得是結構問題。但「心包蓄不住」顯然不是「心將性做餡子模樣」的結構形容所能解釋。心若包蓄理不住，理自然就不再只是餡子模樣了，而是有所呈露。「心包蓄不住」則可以往兩個方向解釋。一是性使心包蓄不住，性改變了心性結構的先天關係，依此，則性顯然是一動的概念，這和朱子將太極、理等設想成「只存有而不活動」⓫、理是潔淨空闊、無情意、無造作、無計度等性質描述不符。二是將之解釋為心經過知覺理的過程，使靜態的心性關係，轉而為動態的呈顯。「心包蓄不住」，也只是心自己包蓄不住，因而這種狀況自然也不是先天的情況，而是心經過自己後天的實踐轉變了心性先天的靜存關係。⓬句中「隨事而發」即在說明「心與理一」的情況顯然突破了「心具眾

理」的靜態結構關係，連合了心的兩種主要作用，進入了實踐的世界。因此，似可將「心具衆理」與「心理合一」再看成人的先天概念結構和人的後天修德實踐境界的差異。

然而不管是「心具衆理」還是「心與理一」，心、性的不同非常顯明。《語類》卷九九：

> 問：「橫渠謂『所不能無感者謂性』，性只是理，安能感，恐此言只可名心否？」曰：「橫渠此言雖未親切，然亦有箇模樣。蓋感固是心，然所以感者，亦是此心中有此理，方能感。理便是性，但將此語要來解性，便未端的。」(2536)

> 問：「橫渠言『物所不能無感謂性』，此語如何？曰：「有此性，自是因物有感。見於君臣父子日用事物當然處，皆感也。所謂感而遂通是也。」(2536)

性理不能感，感只能言心。理既然不能感，似無助於善的行爲的發生。但在凡然必有所以然的前提之下，心的感的作用，也必須被性理所含括。⓭然而這種形式關聯的關係是薄弱而不具說服力的。要使心、性的差異能有較實質性的聯繫，因而能對人的道德行爲有所說明，就須從上文所說「心具衆理」與「心與理一」的心性結構——心統性情——的解析中去獲得。

《語類》云：

> 伊川「性即理也」，橫渠「心統性情」二句，顛撲不破！(93)

朱子認爲橫渠「心統性情」的說法至少和伊川的「性即理」有著相同的地位。然而「心統性情」牽涉到三個和主體行爲有關的概

念，在關於道德實踐的理論中，實遠比一闡明本體宇宙論的「性
即理」要來得重要。

　　橫渠當初使用這詞句意思已不可明。其＜性理拾遺＞云：

　　　　心統性情者也。

　　　　有形則有體，有性則有情。

　　　　發于性則見于情，發于情則見于色，以類而應。

此引自《宋元學案》＜橫渠學案＞。《張載集》則三條作一條。
即使三條是一條，也無法確定「心統性情」一語的語義。但可以
注意的是，下二條橫渠都沒提到心，而只言性、情關係。而且「情」
的概念，在橫渠最重要的著作中《正蒙》並不顯得特別重要。然
而從上所引資料，可知橫渠以性→情的模式解釋了行為的發生。
而「性」在橫渠的思想體系中，是一正面含義的概念。因此至少
可以肯定性→情是描述道德行為的發生。

　　朱子使用「心統性情」一詞時，大概有兩種意思。一是將「統」
解釋成「兼」，亦即心兼性情。《語類》云：

　　　　「心統性情」，統猶兼也。(2513)

二是將「統」解釋成「主宰」，亦即心主性情。《語類》云：

　　　　「統」如「統兵」之「統」，言有以主之也。(2513)

　　　　統是主宰，如統百軍。(2513)

　　然而「心兼性情」、「心主性情」又是什麼意思呢？兩種意
思又有什麼關係？

　　兼、主意義不同，心兼性情、心主性情自然是兩種意思，然
而這兩種意思既然朱子可以「心統性情」一語表述，也證明兩種
意思間的密切關聯。

　　從心兼性情而言，「惟心無對」，心才是一可以解釋人如何實踐的整全概念。性、情皆因心才得以被理解。《語類》云：

> 性、情皆因心而後見。心是體，發於外謂之用。孟子曰「仁，人心也」、又曰「惻隱之心」，性、情上都下箇「心」字。「仁，人心也」，是說體；「惻隱之心」，是說用。必有體而後有用，可見「心統性情」之義。(2513)

這裡的體用講得清楚點，就是心之體和心之用。仁、性，惻隱、情。故體用有時也來講明性情的關係，而將心的概念隱去，故云：

> 性是體，情是用。(2513)

心的概念既可隱去，則性情成為構成體用概念的一對語詞，故往往對言：

> 性對情言。(89)
>
> 性纔發，便是情。(91)
>
> 性是未動，情是已動。(93)
>
> 有這性，便發出這情；因這情，便見得這性。因今日有這情，便見得本來有這性。(89)

情、性的存在可互相推知、並似有動靜相對的涵義。然若進一步問，由性之靜，如何變成情之動，問題就來了。性有動靜嗎？「性是未動」顯然是性質形容，和形容理之「無造作」、「無計度」同。這種性質形容是不應該有一「動」的相反形容。亦即性是不動的，這種不動因為「動」的不可能而成為一種性的性質。所以「性是未動，情是已動」，則絕對不能解釋成性動的時候就是情。同樣的，也不能說性是未動的情。既然性、情的不動、動是性質形容，則這種將性、情對言的情形只能說是一種性質的相對，其間兩者

無互相轉換的關係（不能說性是靜的情，情是動的性），因此兩者間也是斷裂的。既然兩者是斷裂的，爲什麼又有存在關係的相互逆推性？這就必須有個中介概念的存在，而且這中介概念必須與性、情都有關聯才能完成其中介的功能。這中介概念就是心，而「統」即是此中介概念與性、情發生關聯的一種關係。中介概念的必須存在，使得在朱子系統裡，「心」概念是絕對不可被隱藏起來。

從概念結構上看，則心統性、情，即心兼包著性情。《語類》云：

> 性是未動，情是已動，心包得已動未動。蓋心之未動則爲性，已動則爲情，所謂「心統性情」也。(93)
> 心便是包得那性情，性是體，情是用。(91)
> 情有善惡，性則全善，心又是一箇包總性情底。(90)
> 在天爲命，稟於人爲性，既發爲情此其脈理甚實，仍更分明易曉。唯心乃虛明洞徹，統前後而爲言。據性上說「寂然不動」處是心，亦得；據情上說「感而遂通」處是心，亦得。(90)

心兼包著性情並非指心可綜攝性、情兩概念，而將此兩概念解消。而是性、情兩概念都需藉著心這一概念而顯。故言「性、情皆因心而後見」。由此而論，「心統性情」絕非是蔡季通所認爲的「心者，性情之統名」❹。因爲心、性、情只是三個有著關聯的獨立概念，而非心是性、情之統名，性、情是心的分說。

《語類》又云：

> 性、情皆出於心，故心能統之。統，如「統兵」之「統」，

言有以主之也。(2513)

這裡的心統性情指的是心能爲性情之主。心能爲性情之主，能説成是心能主宰著性、情嗎？情之發，固發之於心；但情之所以能如此發，卻是因爲性，而不是因爲心。「性→情」的關係，如上文所言，不受心概念的影響。那心爲性情之主又是什麼意思？縱觀朱子之意，心「統」性情説得乃是心的主宰能力。心的主宰能力，負責了一切主體實踐的説明：

> 心是神明之舍，爲一身之主宰。(2514)

> 合如此是性，動處是情，主宰是心。(89)

故心對於「合如此」此一應然的形式規定並無主宰決定的能力，它是先天地具於心。不過，心卻可以決定要不要將這種形式規定加以實踐。所以説「性、情皆出於心」，有了心，性、情才可因心而外顯。性既然是理，性也可以是一「所以然」的形式規定，而情則是「已然」、是已發現的。「所以然」的形式規定，因無具體內容，故不可被言詞形容而且顯得模糊；已發現的已然，則是較具體確實，而可以被感知言説的。《語類》云：

> 性是箇糊塗不分明底物事，且只就那故上説，故卻是實有痕跡底。…性是糊塗底物事，情卻便似實也。(1352)

> 性無定形，不可言。孟子亦説：「天下之言性者，則故而已矣。」情者，性之所發。(1380)

> 性不可説，情卻可説。(1380)

性之所以然，是情之已然的形式因，故説情是性之所發。然而，性卻不是實質因，故情實是心之所發，而不是性之所發。❶
使潛存的形式的所以然，成爲具實現存的已然，是心的作用。所

以然不可言說、不可覺知，除非經由已然的存在往上推想（如性善其實是從情善推出來的結果）**⓰**，而已然會不會發生，則全在心的作用。

　　所以不管是心統性情是心兼包性情，還是心主性情，朱子藉之所要突顯的，都是兩種靜存性質的概念如何聯結於一實踐性質的概念，而構成一足以解釋道德實踐問題的概念群。

第三節　格物致知

　　從理氣到心性，朱子的學說一步步向主體實踐的方向逼進。不論是「性即理」還是「心統性情」，都可將之只視爲一人之結構性的闡明，至於這些結構對於人的修德有何影響，卻需在實際的工夫中（修德的實踐）才能被見出。本節即擬以朱子最重視的大學入門工夫——格物致知，作爲統合前文所曾討論過的觀念，並希望藉此能概略顯出朱子學大略的完整面貌。

　　在開始討論格物致知之前，有必要對理學中的「工夫」二字作一簡略的說明。若說人是一行爲的主體，工夫本身就是一種善的行爲，還是工夫本身只是在確立行爲的主體和善的行爲之間的必然性？若用宋儒的詞來說，如果心是體，那工夫就是體的用，還是工夫只是在於確保體→用之間的必然性？不同的理學家對這問題的看法可能不同，但對於朱子來說，格物致知並非就是體用之用，並非就是善的行爲（力行），而是確保體→用必然性的工夫。

　　格物致知是《大學》八條目最末的兩項。朱子繼承伊川對格

致的解釋，並將之含納於自己的思想體系，成爲其最強調的工夫。朱子對於格物致知的解釋，可從《大學章句》的注文看出其完整的型態。❼在《章句》中，與「格物致知」相關的注文，主要有下文所要討論的三段。

　　朱子《大學章句》注「欲修其身者，先正其心；欲正其心者，先誠其意；欲誠其意者，先致其知；致知在格物」云：

> 心者、身之所主也。誠、實也。意者、心之所發也。實其心之所發，欲其一於善而無自欺也。致、推極也。知猶識也。推極吾之知識，欲其所知無不盡也。格、至也。物猶事也，窮至事物之理，欲其極處無不致也。❽

注「物格而后知至，知至而后意誠，意誠而后心正，心正而后身脩」云：

> 物格者、物理之極處無不致也。知至者、吾心之所知無不盡也。知既盡，則意可得而實矣。意既實，則心可得而正矣。(21)

合兩段注文而觀，可知「推極吾之知識」實即「推極吾心之知識」。前文已說過心有兩大作用，一是知覺，一是主宰。在上一段的注文中可知此兩大作用被分開敘述，在「正心」的觀念中，偏重於心的主宰作用，在「致知」的觀念中，偏重於心的知覺作用。這種將心的作用分別論述的問題稍後再提。本節前一部分仍將重點擺在格物致知的問題。

　　上兩段注文，再加上＜格物補傳＞，則朱子《大學》格物致知之說的面貌就可以完全地呈顯：

> 所謂「致知在格物」者，言欲致吾之知，在即物而窮其理

也。蓋人心之靈，莫不有知；而天下之物，莫不有理。惟
於理有未窮，故其知有不盡也。是以大學始教，必使學者
即凡天下之物，莫不因其已知之理而益窮之，以求至乎其
極。至於用力之久，而一旦豁然貫通焉，眾物之表裡精粗
無不到，而吾心之全體大用無不明矣。此謂物格，此謂知
之至也。（32）

　　從上述三段引文，可以見出朱子以窮理解格物。然而窮理與
格物亦微有別。《語類》云：

「窮理」二字不若格物之爲切，便就事物上窮格。如漢人
多推秦之所以失，漢之所以得，故得失易見。然彼亦無那
格底意思。若格之而極其至，則秦猶有餘失，漢亦當有餘
得也。又云：格謂至也，所謂實行到那地頭。(289)

這說得是「格」與「窮」的差別。然而朱子此處所論實有文字上
作文章之嫌。實則「窮理」之窮也有窮極之義。窮理、格物的主
要差別並不在此，而在於「物」與「理」的差別。

　　「天下之物，莫不有理」，物有理並非物即理。物、理的分
別，對於格物、窮理的分判有如下的影響：

格物，不說窮理，卻言格物。蓋言理，則無可捉摸，物有
時而離；言物，則理自在，自是離不得。釋氏只說見性；
下梢尋得一箇空洞無稽底性，亦由他說，於事上更動不得。

(289)

物（事）才是理的具現。這種具現使得人不會將理作爲一空懸的
物事，而能將由格物過程中所窮得之理立即再於事上實踐。《語
類》云：

人多把這道理作一箇懸空底物。《大學》不說窮理，只說
箇格物，便是要人就事物上理會，如此方見得實體。所謂
實體，非就事物上見不得。（288）

就物而窮理，不離物而言理。朱子不空頭言理的意思顯然可見。
《語類》又云：

問：「道之不明，蓋是後人舍事跡以求道。」曰：「所以
古人只道格物。有物便有理，若無事親事君底事，何處得
忠孝！」(288－9)

釋氏言性棄事、無事無忠孝，可說朱子於格物、窮理處，仍不忘
以一字之差辨儒、佛。

在上一節心性結構中，性實心之本具，若只言理不言事，易
將理歸之於心，而心性皆爲人之內在，自然易流於只論心性大本，
不論萬事皆實的大千世界。早在朱子從學李延平，延平即告誡朱
子「理不患其不一，所難者分殊耳」。物中見理，亦有此意。《語
類》云：

問：「格物之義，固要就一事一物上窮格。然如呂氏楊氏
所發明大本處，學者亦須兼考。」曰：「識得，即事事物
物上便有大本。不知大本，是不曾窮得也。若只說大本，
便是釋老之學。」(290)

「只說大本，便是釋老」。儒家就實入世，而作爲道德實踐場境
的世界的多樣呈顯，原本就非可以將之簡化而歸之於一心（性）。

事物是以一件、一件，這種零碎殊繁的形式展現在我們面前。
朱子的格物說，就是在強調著這種分殊。所以象山對之有「支離」
的批評。另一方面，物是外在的客觀事實，朱子「格物」之說在

明朝也受到陽明「求理於外」的駁難。象山的批評、陽明的駁難，都有其理由；然而對於朱子來說，這些駁難、批評也可從其思想體系的安排中得到消解。其中尤以致知和格物的關係最值得注意。

在上所引朱子《大學章句》的注文中，朱子如是解釋「致知」：

> 致、推極也。知猶識也。推極吾之知識，欲其所知無不盡也。

將致解成「推極」，可見朱子並不將致「知」的知解成是外來的；而是一種內在可以擴展推盡的基礎。在其解「知至」時，朱子云：

> 知至者，吾心之所知無不盡也。

在這兩條注文裡，看不出致知和格物有和關係。然而從朱子注「致知」和注「格物」的比較中，卻可以看出朱子有意將兩者意義加以特別的安排：

> 致、推極也。知猶識也。推極吾之知識，欲其所知無不盡也。
>
> 格、至也。物猶事也。窮至事物之理，欲其極處無不到也。
>
> 物格者，物理之極處無不到也。
>
> 知至者，吾心之所知無不盡也。

將格解釋成至，與知至之至同，與推極之致也相關（只要看看上面注文的極、盡、窮、至、到即可知）。格物與致知的不同，就成了物與知的不同。在朱子的解釋下，物實指的是物之理，而知指的則是（吾）心之知。心之知和物之理又有什麼關係呢？

在第一節裡，曾經探討心性和事理的關係。在第二節裡，也探討了心的知覺能力與心之理——性——的關係。「致知」中所指心之知令人很容易聯想到心的知覺作用。致知和格物的關係也

因此可得而論：當心在窮究物理時（心在這裡的主語地位，在朱子注文中被隱藏），由於這些散殊的物理皆先天地被含具在心所含之性理中，故窮究這些散殊之理，實際就是心在知覺其所內具之性理。

　　所以從＜格物補傳＞，可見出致知和格物有著非常密切的關連：

　　　　欲致吾之知，在即物而窮其理也。…惟於理有未窮，故其知有不盡。…眾物之表裡精粗無不到，而吾心之全體大用無不明矣。

格物與致知，可以說一而二、二而一的一件事情。在《語類》中也強調了格致之間的關係云：

　　　　致知、格物只是一箇。(290)

　　　　致知、格物，一胯底事。(291)

然而，致知與格物之所以只是一箇，並非意指它們所指是同一概念，而是指它們在時序中是同時發生的事，這同時發生的事一方向外是格物、一方向內是致知，在《大學或問》中朱子曾引伊川師弟的一段問答云：

　　　　或問：「觀物察己者，豈因見物而反求諸己乎？」曰：「不必然也、物我一理，纔明彼，即曉此，此合內外之道也。…」（《四書纂疏》，頁 35）

於《語類》中朱子亦云：

　　　　物既格，則知自至。(401)

　　　　格物、致知，彼我相對而言耳。格物所以致知。…於物之理窮得愈多，則我之知愈廣。其實只是一理，「才明彼，

即曉此」。…蓋致知便在格物中，非格之外別有致處也。

…格物之理，所以致我之知。

「纔明彼」即是格物，「即曉此」即是致知。《語類》又云：

推極我所知，須要就那事物上理會。致知，是自我而言；

格物，是就物而言。若不格物，何緣得知。(292)

「若不格物，何緣得知」。在上一節中，曾說明心的知覺能力是以心之理爲對象，所以說「知覺不離理，理不離知覺」。然而這樣的說法被引進格物說中，卻發生了曲折——心的知覺能力之所以能知覺心中之性理（即曉此）是因爲心先在事物上窮究。那心能不能直接覺知其內具之性理？答案是否定的，朱子接著上引的一段話說：

而今人也有推極其知者，卻只泛泛然竭其心思，都不就事

物上窮究。如此，則終無所止。

於是他的學生如是反應：

義剛曰：「只是說所以致知必在格物。」曰：「正是如此。

若是極其所知去推究那事物，則我方能有所知。」

致知和格物是可以分開的（推極其知，泛泛然竭其心思…），然而當致知和格物一分開，致知也只是一負面的行爲。可以說致知和格物的關係乃類似於窮理和格物的關係。朱子似乎反對心的知覺能力有直接知覺離事之理的能力；就如他一向反對心能反觀自身一般。如果心能直接知覺離事之理的話，那心自然也就能直接窮知其內具之性理，而成爲以心觀心。

在朱子的格物致知的解釋中，還有兩個問題需加以解明：一、心之知所指是心的知覺能力還是心的知覺能力作用後所獲致的知

識？二、既然朱子的「理」也包含了作為物性的物理，為什麼朱子單用「事」去注解「物」？這兩個問題的解決可以幫助我們更精密地把握朱子格物致知的說法。

　　在上文的闡釋中，實是將心之知解成心使用知覺能力所求致的知識。這種知識的獲得既然是透過格物的工夫，逐項逐項的格來，自然就有量的積累的概念。在朱子的文獻中，這種概念也的確常常出現：

> 上而無極、太極，下而至於一草、一木、一昆蟲之微，亦各有理。一書不讀，則闕了一書道理；一事不窮，則闕了一事道理；一物不格，則闕了一物道理。須著逐一件與他理會過。(295)

這些散殊之理可以總匯於心中之性。然而這樣的工夫論會產生如下的兩個問題：一、如果在格至的過程中，心的知覺能力沒有改變，那是什麼在判斷心已格至一物之理？亦即心的知覺能力在格至一事物之理時是否同時也在知覺自己知覺的狀況？二、如果在格至過程中，所有的改變只是量的積累的話，那人的成聖（或說「豁然貫通」）應可以量化，而此量化的臨界點是否可以被確定？《語類》云：

> 既有此物，聖人無有不盡其理者。(398)

似乎「無所不知」是聖人的一項表徵。然而，這種說法將造成「聖人」無法成為經驗中的事實。因為如果知識的量的積累是唯一的改變，則此改變乃是一種經驗性的增加，而在實際經驗中，任何人都無法有機會經歷所有的事（不管是已發生的還是未發生的）。因此格物致知的過程絕非只是一種經由心的知覺能力作用而得來

的知識的積累。

至於心能不能知覺自己知覺的程度是否已到十分，是人在格
物時會遭遇到的實際困境。《語類》云：

> 仁甫問：「伊川說『若一事窮不得，須別窮一事』，與延平
> 之說如何？」曰：「這說自有一項難窮底事，如造化、禮樂、
> 度數等事，是辛急難曉，只得且放住。且如所說《春秋》書
> 『元年春王正月』，這如何要窮曉得？若使孔子復生，也便
> 未易理會在。須是且就合理會底所在理會。延平說，是窮理
> 之要。若平常遇事，這一件理會未透，又理會第二件，第二
> 件理會未得，又理會第三件，怎地終身不長進。(397—8)

所謂的延平之說爲：

> 凡遇一事，即當且就此事反復推尋，以究其理。待此一事融
> 釋脫落，然後循序少進，而別窮一事。（《宋元學案》＜豫
> 章學案＞內所引《延平答問》）

人如何自知自己已是「融釋脫落」是個問題。這也說明了心的知
覺能力如果只是種不會起變化的機械作用、只是用於將物中所含
的理經過一定處理的程序化作心中的性理，則朱子將格訓至的意
義將大爲落空。因爲心根本不會知道什麼才是事物之理的極處。

然而若說心可以知道自己豁然貫通的境況是否違背了朱子不
能以心觀心的主張呢？這就要看如何去解釋心的這種自知了。如
果心是反省這樣一個問題——我是不是已經到了豁然貫通的境地
呢？這就是以心觀心，是朱子所反對的。然而，在朱子的描述，
人對於這種豁然貫通的情況顯然是自知的：

　　用力之久，而一旦豁然貫通焉，則眾物之表裡精粗無不到，

　　而吾心之全體大用無不明矣。

這種境界完成的自由，可以說是修德之人所嚮往的境界，朱子既可以指出而爲之預示，也就表示朱子認爲此境之完成，人實有感知的能力。然而這種知，卻不是由「觀」而來的知，而是「用力之久」而後的結果，亦即這是一種踐知。而這種踐知的結果，絕不是一種心的知覺能力作用後所造成的單純的量的積累的結果，它包括了心的這種知覺能力的改變（「吾心之全體大用無不明」）⓳。

　　要較爲完整的了解這種心的能力的變化，需回頭再檢視＜格物補傳＞的格物方法論：

　　　即凡天下之物，莫不因其已知之理而益窮之，以求至乎其

　　　極。

「因其已知之理而益窮之」似乎窮得是「已知」之理，然而朱子卻又認爲格物就是格自己不知道的事物：

　　　所謂格物，也是格未曉底，已自曉底又何用格。(394)

綜合這兩段文字來看，似乎未曉底事物之理已在某種意義下含藏在心的已知之理之中（心具眾理）。「已知之理」既是某一知覺活動的基礎，又前存於此一知覺活動之前。因而在不斷格物的過程當中，自然也有知識的積累，然而這種積累的意義不是死的堆積，它更是使知覺活動的進行基礎——已知之理——更加地深廣，而深廣的基礎實是心靈知覺能力的改變。⓴這種解釋一方面符合了朱子在＜格物補傳＞中對物格、知至的解釋，一方面也說明了「豁然貫通」的不確定性。就如在其他儒學的成德系統裡一樣，

「聖境」的完成永遠是件曖昧的事。而朱子的不確定性理論,卻仍然強調和保證了實踐的必要(工夫的實踐,不是道德的實踐)。既然「踐知」指的是只能經由踐行而知,那此知的完成將非任何理論所推致而預知;「積累之久,一旦豁然貫通」正是對不斷的「踐知」和貫通之間的一種肯定。

心的知覺能力的變化,是一種整體的變化。這使得致知和格物又有另一種對照的關係:

> 剡伯問格物、致知。曰:「格物,是物物上窮其至理;致知,是吾心無所不知。格物,是零細說;致知,是全體說。

(291)

格物在事事物物上窮理,事物儘無窮,工夫儘無窮。致知則是在致吾心之知,致吾心之知所重在於經由積累後的豁然貫通,而豁然貫通之後仍是一心。故零細與全體的對比,也使朱子弟子有格物當求歸一之問:

> 器遠問:「格物當窮究萬物之理令歸一,如何?」曰:「事事物物各自有理,如何硬要捏合得!只是才遇一事,即就一事究竟其理,少間多了,自然會貫通。如一案有許多器用,逐一理會得,少間便自見得都是案上合有底物事。…所以程子說:『所謂窮理者,非欲盡窮天下之理,又非是止窮得一理便到。但積累多後,自當脫然有悟處。』此語最親切。(396)

全體固然是一,然而要求歸一卻須經過無數次零細的踐知才能達成,而不能先預存著歸一之念(從某種觀點來說,這種預存不是已知之理,而是一種先存於認識上一種假定,因而是「未知」以

一種已知的型態出現，反而會影響到真正認識的進行）。如果先預存著這樣的想法，對朱子來說，恐將陷於「只說大本」的「釋老之學」。所以即使在強調「萬物各具一理，萬理同出一原」的理一分殊的前提下，朱子仍強調物物各有其用的說法：

> 萬物皆有此理，理皆同出一原。但所居之位不同，則其理之用不一。如為君須仁，為臣須敬，為子須孝，為父須慈。物物各具此理，而物物各異其用，然莫非理之流行也。聖人所以『窮理盡性而至於命』，凡世間所有之物，莫不窮極其理，所以處置得物物各得其所，無一事一物不得其宜。除是無此物，方無此理。(398)

強調物用不同，亦即強調了格物成效的方向——無一事一物不得其宜，這也是朱子為什麼要將「格物」的「物」字解釋成「事」字的原因。

　　就如本章第一節所言，「人性即物理」為「性即理」所含括的意義之一。而在人、物對舉時，此物確確實實指得是一存在物，而非物與物之間關係的事。朱子在舉格物的事例時，也的確以存在物之理為例，如：

> 一草一木之眾，莫不各具此理。

這種理、物關係，自然是在宇宙論的背景下來說，其理之存在與否，非人之知覺活動所可改變、決定，亦無所謂的不盡與無不盡的差別。然而若將物解作「事」——物與物之間的關係因而也是人與物之間的關係，則事理和人就會發生密切的關係。

　　事理的存在、如何存在非是一完全客觀的問題，因它被嵌涉到人與物的關係中，或說行為主體與他物的關係中。因此，人對

事理的知覺就影響到行為主體行動的方向，而這也正是朱子格物
工夫的主要目的。《語類》云：

> 「格物」二字最好。物，謂事物也。須窮極事物之理到盡
> 處，便有一箇是、一箇非，是底便行，非底便不行。凡自
> 家身心上，皆須體驗得一箇是非。(284)

> 格物，須真見得決定是如此。…須當真見得子決定是合當
> 孝、臣決定是合當忠，決定如此做，始得。(284－5)

> 今人未嘗看見「當然而不容已」者，只是就上較量一箇好
> 惡爾。如真見得這底是我合當為，則自有所不可已者矣。

> (414)

格物的目的一方面在於致知——使心的知覺能力發生良性的改變；
一方面由致知使心與理發生某種實質的聯繫（而不再只是宇宙論
式的空間切隔的含具），進而影響心的主宰能力，而直接對人的
行為（道德實踐）發生決定的作用。

在第一節所說的兩種形式的理，實是朱子窮格事物之理的主
要對象。雖然朱子對理的性質描述實是較接近「所以然而不可易」
之理，然就工夫而言工夫，朱子所重實在「當然而不容已」之理，
而對於定然的「所以然而不可易」之理的窮究只是用來加強「當
然而不容已」之理的感知。《語類》云：

> 問：「《或問》『物有當然之則，亦必有所以然之故』，
> 如何？」曰：「如事親當孝，事兄當弟之類，便是當然之
> 則。然事親如何卻須要孝，從兄如何卻須要弟，此即所以
> 然之故。如程子云：『天所以高，地所以厚。』若只言天
> 之高、地之厚，則不是論其所以然矣。」(414)

「當然不容已」是直接和實踐有關的，所以然不可易則是用來加強當然不容已的這種實踐迫切感，以決定一當為的行動。所以朱子云：

> 或問「格物」章本有「所以然之故」。曰：「後來看得，且要見得『所當然』是要切處。若果見得不容已處，則自可默會矣。」(384)

然而對於物的另一解釋又當如何處理？在朱子留下的文獻中，他顯然並沒有將存在物的這個解釋完全排除在格物的範圍之外。事既然是「物與物之間的關係」，自然在窮格事物之理，也含括了存在物的形構之理（借牟宗三語）──這是在研究事時所避免不了的。但在整個格物的架構之中，形構之理絕不佔主要地位。

在格物致知的工夫論中，朱子實際上進行了對於心的兩大功能──知覺與主宰，進行了統合的工作。故而在「格物知至」時，朱子所說的「吾心之全體大用無不明」，雖有偏重在知覺的意味，但實際也使得心的主宰功能往道德的方向作用。這種由工夫實踐到道德實踐的過程，可以依朱子自己的思想體系，圖式如下：

$$（主宰）$$

理　←　知覺　←　（情）　→　意　→　心　→　身
性　　└──────　心　──────┘

朱子的格物致知說，影響其後的中國思想數百年。在近人的研究之中，仍有不少針對此理論而提出的問題。這裡，我想提出三個問題進行簡略的討論，並對朱子格物說對儒學的貢獻提出自

己的意見。在＜答顧東橋書＞（《傳習錄》卷中）中，陽明屢次
提及朱子析心理爲二、求理於外的弊病：

> 晦菴謂「人之所以爲學者，心與理而已。心雖主乎一身，
> 而實管乎天下之理；理雖散在萬事，而實不外乎一人之心」，
> 是其一分一合之間，而未免已啓學者心理爲二之弊。此後
> 世所以有專求本心，遂遺物理之患，正由不知心即理耳。
> 夫外心以求物理，是以有闇而不達之處，此告子義外之說，
> 孟子所以謂之不知義也。
> 夫萬事萬物之理，不外於吾心，而必曰「窮天下之理」。
> 是殆以吾心之良知爲未足，而必外求於天下之廣，以裨補
> 增益之，是猶析心與理而爲二也。

陽明站在他自己的立場來批評朱子的學問，既有所見亦自有所不
足。朱子的思想體系，確實可說是心與理爲二。然而，在上文中，
我已經分析如何藉由格物這種工夫實踐的過程將朱子的心與理關
聯起來而爲一活的實踐有機結構。陽明所謂「外心以求物理…有
闇而不達之處」，對於朱子格物致知的曲折構思，皆是不中的之
批評；因在朱子的格致說中，心格的雖是物理，然所知覺實是心
中之性理。至於陽明所謂「吾心之良知爲未足」，如是對朱子思
想的描述語，倒是非常確當。心在朱子思想中所具有的「知」的
功能絕對是不足的，因它不能直接知覺其所含具的性理、改變靜
存的含具關係成爲一種動態的實踐關聯。然而以這句話作爲朱子
的負面評價卻有欠公允，因對朱子來說，心對理的知覺能力並不
是心唯一的內容。

　　至於朱子是不是求理於外，則是箇曖昧的問題。格物之說，

確有主客之對。然而朱子格物欲明之理，無論是在實踐的構想上、還是本體宇宙論的構思上都是屬於本具於心的理。當然，在朱子的思想結構裡，在外的物理和在心之性原本就有同源關係的聯繫，所以就理而言，實無內外可分。《語類》云：

> 叔文問：「格物莫須用合內外否？」曰：「不須恁地說。物格後，他內外自然合。」(295)

> 問：「格物須合內外始得？」曰：「他內外未嘗不合。自家知得物之理如此，則因其理之自然而應之，便見合內外之理。」(296)

「內外未嘗不合」，在朱子理一分殊的說法下是可以得到充分解釋的。（朱子並且因此而評象山為告子，以象山以義為外而不求。而陽明此處亦以告子評朱子，也是一有趣的問題。）另外一段問答，也突顯了「內外」這種劃分範疇可能產生的歧義：

> 問：「格物則恐有外馳之病？」曰：「若合做，則雖治國平天下之事，亦是己事。『周公思兼三王，以施四事。其有不合者，仰而思之，夜以繼日，幸而得之，坐以待旦。』不成也說道外馳！」又問：「若如此，則恐有身在此而心不在此，『視而不見，聽而不聞，食而不知其味』，有此等患。」曰：「合用他處，也著用。」又問：「如此，則不當論內外，但當論合為與不合為？」先生領之。(288)

傳統儒學的道德標的原本就是超越己身而期於外在的事功有所成就。朱子將這樣的期盼進一步內化，這種內化的傾向，可從其「性即理」三種涵義中的兩種（人性即物理、心性即事理）看出。朱子在這裡，實即完成以理學證成宋前儒學的目的。

　　和心與理二另一有關的批評，即來自於牟宗三。牟先生認爲朱子的格物致知論是一種唯智主義的他律道德：

> 此一系統澈底是漸教，亦澈底是唯智主義的他律道德。…
> 此一系統亦使一切行爲活動只要是順理（順形構之理之實然
> 　與順存在之理之當然與定然）即是道德的，此是唯智論與實
> 在論之泛道德，而道德義亦減殺。此其所以爲他律道德，
> 亦曰「本質倫理」也。實則唯是心之自主、自律、自決、
> 自定方向方眞正是道德，此是道德之本義，並不是只要順
> 理即是道德的。…「應當」全由「實然」來決定，是即「
> 應當」全轉成平鋪之實然，實然通其所以然而定然即是應
> 當。存在之理之存有與形構之理之本質這一實然而定然之
> 系統。提綱說，這一存有之系統，即是應當之系統。此是
> 以「存有」決定「善」者，此其所以爲實在論、爲本質倫
> 理也。㉑

在這段短短的批評中，涵藏了很多的問題。牟先生深厚的西方哲學根基是筆者所欠缺的，故其用許多西方哲學語詞去統括、比合朱子思想的是非不是這裡所要討論的。然而牟先生對朱子的了解，卻也有可議之處。

　　牟先生所解釋的理實只是作爲宇宙論中實體的人、物存在之理和形構之理，而忽略理之作爲事理之理並沒有其「存在」也無其形構。這使得牟先生對「所以然而不可易」和「當然而不容己」之理在格物致知說中的重要性有忽略或誤解的嫌疑。並進而將朱子的理落實爲「形構之理」而批評朱子在將「應當」鋪成實然之實在論與唯智論之泛道德。忽略了事理之理，自然就很容易將理

完全視爲客觀外在的實存。然而若加進事理的考慮，則情況就有
不同。事作爲一種物與物的關係時，當它對一主體呈現時，實際
也是以一「物對我的關係」呈現。人對於事理的肯認絕不只是對
一客觀實然的認知，而是包括對於行爲取向的覺悟。

　　牟先生也忽略了在格物致知中，心的地位與作用。物理雖可
是外存，然而心與理一所據以行動之理，卻不是此外存之理，而
是經心的知覺作用與心發生關聯的理；亦即理的存在固可以說是
先天的，然而其能眞的發生實踐上的意義，卻需經由心的知覺能
力加以知覺含攝。因而如說理在實踐上是被心所決定，亦無不可。

　　然而牟先生的意見若是偏在格物致知和小學涵養工夫的關聯
來看，則似乎也切中朱子之病。依朱子的說法，小學涵養的工夫，
正是格物致知的內容。在還沒窮究忠孝之理時，我們已經在行忠
孝之事，格致工夫只是對我們曾經有的經驗作進一步的省察。格
致既然強調主客相對，使得心的知覺能力不能無所依憑而發。其
所依憑的即爲已然之事，而這些已然之事相對的所以然之理，只
是深化這些已然之事的標準與一行爲主體的關係，而非行爲主體
藉著格致「重新」來檢證這些已然之事中所含的行爲準則。故而
朱子的格致說所呈顯的並非一儒者對傳統儒學全面的再省察❷，
而是對傳統儒學的行爲價值的以自我證明的方式來加強這些準據。
這即是牟先生所說「『應當』全由『實然』加以決定」。

　　第二個問題，要討論的則是道德行爲的迫切性。

　　在朱子的描述中，可以知道格物工夫的完成是一項漫長的工
作。然而許多道德事件常常具迫切性（如孺子將入於井），我們
不可能在此一事件發生的當時經由格物去確定什麼是「當然而不

容已」、什麼是「所以然而不可易」，然後才去決定我們該如何行為。另一種迫切性則表現在所格之物和道德實踐的關聯上：格「一草一木」之理，和道德實踐似乎沒有什麼直接的關係；陽明七日格竹的例子，便是一最好的說明。如果我們常常去進行這種和道德不直接相關的工夫，是否反而會慢慢削減要求自我去從事道德實踐的志意。

前文已經說過朱子格物致知的工夫實踐並不就是真正的道德實踐。而道德事件的迫切性，卻是道德實踐的問題。《語類》云：

> 格物便要閒時理會，不是要臨時理會。閒時看得道理分曉，
> 則事來時斷置自易。(393)

格物是閒時工夫，自無迫切性的問題，然而卻是有助於道德實踐迫切性的解決，所以《語類》又云：

> 格物窮理，有一物便有一理。窮得到後，遇事觸物皆撞著
> 這道理：事君便遇忠，…以至參前倚衡，無往而不見這箇
> 道理。(289)

朱子這裡用的「撞」字，很切合實際事件中對道德的迫切性的形容。

至於格物對象的急切性，在程子提出其格物說時就已有自覺。朱子亦以「切己」作為解決這問題的標準：

> 且窮實理，令有切己工夫。若只泛窮天下萬物之理，不務
> 切己，即是《遺書》所謂「遊騎無所歸」矣。(400)

但是，朱子也的確在理論上認為一個人應盡量開展自己的心量：

> 傅問：「而今格物，不知可以就吾心之發見理會得否？」
> 曰：「公依舊是要安排，而今只且就事物上格去。如讀書，

便就文字上格；聽人說話，便就說話上格；接物，便就接物上格。精粗大小，都要格它。久後會通，粗底便是精，小底便是大，這便是理之一本處。而今只管要從發見處理會。且如見赤子入井，便有怵惕、惻隱之心，這箇便是發了，更如何理會？若須待它自然發了，方理會它，一年都能理會得多少！聖賢不是教人去黑淬淬裡守著。而今且大著心胸，大開著門，端身正坐以觀事物之來，便格它。

(286)

任何人無時不生活在一道德場境之中，無時不面對許多事物的紛沓而來。雖然在理論上，朱子認爲一個人需「大著心胸，大開著門」，一草一木若須格時也去格它。然而朱子此處卻說「事物之來」、反對「安排」，可見格物致知工夫應該即在日常生活中用，而不是索隱窮怪，故意去找些與己較無迫切關係的事物來窮格。在朱子的思想中，格致對象迫切性的高低急緩的安排，自可交給個人的經驗判斷，而無需特別強調。

　　然而不在道德的急切性上考量，確實是朱子後學陷入博學不約的弊病的主要原因。不過正因如此，卻也爲儒學打開了另一發展的天地——知識的價值的開放。這也是下面我們要討論的問題——知識與道德的關係。

　　格物致知說所謂的知識和今天所謂的知識範圍並非完全重合。在朱子系統裡，實無所謂的知識與道德的混淆或矛盾，從其格致的方法與目的來看，實是在道德的前提下來考慮知識的位置與擺法。而學者中，不乏認爲朱子將兩者混雜，如牟宗三云：

　　伊川朱子，俱以格物窮理之認知方式去說，此爲知識問題

與道德問題之混雜。在此混雜中，一方便作爲道德實踐的
標準之太極性理之道德意義與道德力量減殺，只成爲一個
認知所對的存有概念（存在之理），一方亦使積極的知識
（見聞之知、形構之理所代表之知）不能有眞正的建立。㉓

劉述先繼踵牟先生的意見言：

德性之知、見聞之知決不可混爲一談，把兩個層次分開，
則兩方面可以相反相成，不必互相矛盾衝突。㉔

關於牟先生所說「太極性理之道德意義與道德力量減殺」，此誠
然是朱子思想體系中可能有的一個問題，然而決不是在評價朱子
思想體系的一個弱點，而該被視爲是一體系特徵。如何去解析「道
德」是一龐雜的問題，牟先生固可順著康德的路子去了解一先驗
本質性的道德實體。然而那不能反駁另外對於「道德」的世界許
多可能的解析方式。

至於道德、知識混雜的問題，也是一樣的複雜，此由劉先生
既要把兩個層次之分開、又要它們相反相成可知。牟、劉二先生
實由以現代「知識」的觀念，去求朱子要有此觀念。在朱子的系
統裡，實看不出這個問題的存在（亦即朱子如果不是在構築一個
關於如何建立形構之理這種積極知識的思想系統時，我們如何要
求它爲此種知識的建立負責）。牟、劉兩先生乃是脫不開如何爲
知識（尤其是所謂的「科學」知識）在中國文化資源找根的模式，
其中所肯定的已是「知識」的價值。這種思考模式是值得商榷的。
而且，牟、劉的批評都忘記在這方面對照陸、王的體系作一詳細
的比較。劉先生甚至以陽明個人爲例，來圓成他自己德性、見聞
兩分之說，卻不對陽明思想所含蘊對知識輕忽的態度加以重視。

對朱子而言，似欠公允。

　　在儒學的系統裡，知識（此處的知識義不完全符合牟、劉所謂的知識，自然也不排除）必定和道德發生關聯，這種關聯是不是一種混雜應決定於立論的儒者如何去表述這種關聯。人作爲一整體性的存在，也無法將兩者截然分開來談。而且道德的要求，本身就有其泛濫性，亦即道德對人的要求是一整體性的要求，這是一種泛道德主義，然而此處的「泛道德主義」絕非一負面詞語，而且在道德的全面籠照之下，我們必須對和自己生活、生命所涉及的一切作一道德的反省和決擇。

　　朱子非能開出一知識系統，因其是以「道德」來範圍「知識」，而非予知識一獨立發展的地位。但無可否認的，我們也可認爲朱子是予「知識」一道德上的價值。這純粹是道德的內部問題，而非道德與知識交涉的問題。所以朱子雖自言其道問學之工夫較多，然此道問學仍只是尊德性的一支罷了。依此，可說朱子對知識非抱著全面認同的態度，而是認爲任何的知識都必須經過道德標準的檢證。知識可以是好的，也可以是不好的，如何避掉不好的而擇取好的，不是知識本身可以決定的，必須交給道德。這對我們現在所謂知識的發展是有所限制，然而對因科學所帶來的道德問題未嘗不是一種預警。

　　當然，在朱子的體系中，人的道德的決斷力不是直接而絕對的，它需要在一直不斷的摸索、探究中來呈現。而且更重要的是，它的存在非基於人而存在。這使得「予知識一道德上的價值」有更積極的意義，因破壞這種外存的存在（因它和我們一樣，是直接根基於最終存有的存在）是不道德的。而且心對於自己知覺完

成程度的曖昧，也使得道德檢證知識的干涉不是那麼強烈而直接，
這也使得知識在道德感極重的儒學系統得以有一暫不受干涉的自
由。

這種理氣心性說，不但重視道德根源之一理的說明，更必須
將所謂的道德具化成質實的萬殊。人在此由自我的主體（私）走
出，與萬物平等地站立，在一道德情境中，人物雖有主客之殊，
但主客皆來自於天，不管是失於主或失於客，其失也一；因而成
則共成、立則共立的理想在此才能更有保障的成立。故朱子反對
專以無私之「公」、「萬物與我同體」爲仁。前者失於泯主客，
人能成物而與天覆、地載而爲三的重要意義將消散；後者失於化
物爲我，只知宇宙爲我心，而不知我心不能爲宇宙，只重主體意
義世界的開展，而輕忽儒學之中的「外聖」理論。主體與客體將
逐漸隔離，而儒學中原重的主客體相融和諧的境界終將落空。

人是最有力的行爲者，但人不是決定者。人在行動時，不能
只是向自己負責，還需向最終存有負責，亦即需向世界負責。朱
子這種思想對於儒家的成德系統的重要貢獻，在於其貞定了道德
中客體存在的重要性，使通於太極、天的性理能夠彰顯。其格物
窮理的理論透顯出德智的重要，這種對與人之存在爲共源的外物
的重視，或許削弱了朱子對於主體性在道德問題中之重要性的衡
量，但這只是比重問題，並非主體性在朱子的成德理論中不受重
視。而且由其偏重，可以看出朱子抑制人的主體性是對於一外在
而內存的性理的敬畏，這種敬畏本身即是一道德心的表現，若失
此敬畏則人的主體性的內發將失去客觀的依憑。其流弊將造成一
些剛愎狠獨之動機論者，不能將其行爲結果作爲反驗自己道德判

斷的依據，而只訴諸於對自我動機之肯定，無視於自己行爲的當下客觀之惡，則道德的客觀理據將失去憑依，對於道德的批評也將成爲不可能。這也是康德在講明它的意志道德之後，還需憑其先天預設，連接個人意志與其判斷之間的關係──即普遍化自己行爲的問題。

注　釋

❶ 如第一章第二節所說，朱子在個別的物上，特別強調「蓋有此物，則有此性；若無此物，則無此性」。這種說法暗含著各別人物的性，在宇宙行程中其實是氣以成形而理亦賦焉的氣先理後次序。

❷ 此處的先行決定指的是理論上的先行，而非朱子在發展其理論時序的先後。

❸ 就朱子「性即理」的理論來看，復性的方法即是格物致知。

❹ 關於宋儒道德二元性的探討，請參考勞思光《中國思想史·三上》，頁58。

❺ 見《語類》卷四論氣質之性處。

❻ 趙順孫，《大學纂疏》，頁20。

❼ 錢穆《朱子新學案·一》，頁441。錢先生的話以之言朱子心性關係的構設，可以說是得朱子意。朱子的確在很多地方將心性關係和理氣關係的同構性加以強調，如《語類》卷五云：
性猶太極也，心猶陰陽也。太極只在陰陽之中，非能離陰陽也。然至論太極自是太極，陰陽自是陰陽，惟性與心亦然。(87)
然而性在心中和理在氣中卻實有不同。雖然理氣結構可以用來解釋心性結構，然而由於心性結構的特殊性，使得心性關係顯得較理氣關係來得具體而且複雜。在下一段「心與性、理」時，會處理這一問題。

❽ 對於這種在而不發的靜存狀態，朱子似乎很喜歡以「渾然」、「混然」去形容。如太極、仁等定然靜存之理，朱子都曾經以此詞形容之。

❾ 這種特殊本質即是心、性關係。這種關係即類於上節所言人物之性與理氣之理的關係。心與性的這種空間關係，實是理氣關係的具實例子。然而在描述理氣不離不雜的關係時，朱子並不用空間分隔的樣式來解釋理氣的不雜。因爲如果理氣可以空間分隔的關係來說明其不雜的話，則理氣合而生天地萬物的說法，將產生更多不能解決的問題。在辨人物異同的時候，朱子以「氣異」來講「理異」，如果理氣眞能如心性

那般分隔，則氣儘管異不一定就能影響到理的異。故依理氣關係而論，性在心中而爲心之體，實不能有這種空間分隔的關係，性在心中而爲心之體雖可說是不離不雜，然而這種不離不雜應是性在心之全體，而非是心將性包住的關係。

⑩　因此，似乎可以把陽明的心概念，認爲是兩作用的合一。兩作用既然合，則心的知覺和理難以分的情形，自然也就可以過渡成爲陽明的「心即理」命題。

⑪　牟宗三語，參看其《心體與性體》冊一綜論論伊川、朱子部分，與冊三論朱子言性部分。

⑫　「心具眾理（性）」與「心與理一」的差別，請參看陳來，頁159-65。

⑬　以朱子的話來說，即「知覺亦有知覺之理」。

⑭　《語類》，2515。

⑮　這種關係如同所以然之理和一具實的「理」與一件事的關係。如刀「能」殺人，可將之形式地解釋成「刀具刀能殺人的所以然之理」；也可以具實的解釋成是刀具一些特定的材質、構造之理，刀才能殺人。

⑯　參見《語類》卷五九《孟子》＜性無善無不善章＞。頁1380－6。

⑰　故而本文也主張將「格物致知」放在朱子對《大學》全文脈絡的掌握中加以解析。

⑱　趙順孫，《四書纂疏》，頁19。下所引朱子《四書》注文皆引自此書，故只注頁數於所引資料後，不另加注。

⑲　心的主要作用有二：一是主宰、一是知覺（若將性也視作心，那自然還有性之發用的情，然而性之發用的情可被消融於心的兩種作用中）。這裡言「無不明」是偏重在心的知覺作用。

⑳　這很容易讓人聯想到海德格對於人的理解過程的了解。海德格說：
解釋總是根植在我們預先已有的東西——前有——中。
解釋總是根植在我們預先看見的東西——前見——中。
除了前有和前見，海德格還認爲人的解釋基礎還要有一條件——前設。前有、前見和前設構成了理解的前結構，而成爲解釋的基礎。前有規定了我們要解釋的東西，前見決定了解釋的特定角度和解釋的入手處，

前設則提供了一個觀念來弄清作爲結構。所謂的「作爲結構」則強調被理解的事物在與人的實踐之間發生關係時的意義。見張汝倫，《意義的探究》，頁107－8。比照朱子的格物致知說：物爲對象及在宇宙論中人和萬物的關係類似於前有，心中的已知之理類似於前見，而形式化的所以然不可易之理和當然不容已之理則類似於前設。而強調事事物物之理之用不一（見下文），則類似於強調「作爲結構」。

㉑ 牟宗三，《心體與性體》，頁111－2。

㉒ 單看格物致知論時，我們可以發覺其中要求的是對一事物的深切了解與掌握。而這種深切的了解與掌握是必須完全透過個體的實踐（工夫實踐，即格物致知）來達致的。就此而論，由格致實可以重新檢討儒學中的一些傳統價值。然而朱子的格物致知卻未往這方向發展，卻因理論結構性的關係，使得格物致知所可能帶來的價值的關放，反而成爲趨向保守。

㉓ 牟宗三，頁93。

㉔ 劉述先，《朱子哲學思想的發展與完成》，頁540。

第三章　明初理學的發展

　　在朱子之後至明朝初年，這種被限制的實踐主體果眞慢慢淹沒在浩繁的經典注釋中。然而到了明初，有一批重視篤實踐履的儒者，在承繼朱學中，特將朱子的主體概念作了更進一步的發揮。終於使「心」的概念特別突顯，也使得心、理的結構關係產生變化。這種變化慢慢被加深擴大，終於被陽明突破，而成就了他「心即理」的學說。然而這種變化的肇始，實發軔於本章所要討論的這些明初儒者身上。

　　《明史》＜儒林傳序＞對明代理學有如下的描述和批評：

　　原夫明初諸儒，皆朱子門人之支流餘裔，師承有自，矩矱秩然。曹端、胡居仁篤踐履，謹繩墨，守儒先之正傳，無敢改錯。學術之分，則自陳獻章、王守仁始。宗獻章者曰江門之學，孤行獨詣，其傳不遠。宗守仁者曰姚江之學，別立宗旨，顯與朱子背馳，門徒天下，流傳逾百年，其教大行，其弊滋甚。…要之，有明諸儒，衍伊、雒之緒言，探性命之奧旨，錙銖或爽，遂啓岐趨，襲謬承誤，指歸彌遠。至專門經訓授受源流，則二百七十餘年間，未聞以此名家者。經學非漢、唐之精專，性理襲宋、元之糟粕，論者謂科舉盛而儒術微，殆其然乎。❶

　　《明史》＜儒林傳＞的批評顯與黃宗羲不同。黃宗羲在其＜明儒學案發凡＞云：

嘗謂有明文章事功，皆不及前代，獨於理學，前代之所不
及也，牛毛繭絲，無不辨晰，真能發先儒之所未發。…陶
石簣亦曰：「若以見解論，當代諸公儘有高過者。」與義
言不期而合。

兩說相較，可以見出立論的態度迥異。〈儒林傳序〉貶低明
代理學，黃宗羲則于以高度評價。只要通觀〈儒林傳序〉全文，
即可發覺其中不乏政治導向與學術偏見。政治導向的目的，在於
醜化明代學術以醜化明代政治，故於序首言「朝廷廣屬學官之路，
與一代政治相表裡」，於序中敘吳康齋（與弼，1391─1469）則
謂其「譽隆於賞，訕謗叢滋。自是積重甲科，儒風少替」，造成
「白沙而後，曠典缺如」的情形。而文中又特別以理學所批駁的
漢、唐注疏來攻擊理學，可見此時此傳作者的立場已多少偏向於
考證作者。至於〈儒林傳序〉和黃宗羲〈發凡〉直接針鋒相對的，
則爲對明代理學的評價。然而立論態度的迥異，卻並不意味著其
所描述的事實有別。

〈儒林傳序〉一再強調陽明之學與朱子不同（「別立宗旨，顯
與朱子背馳」、「錙銖或爽，遂啓岐趨」），爲什麼又會有「性
理襲宋、元之糟粕」的結論呢？顯然，立傳者當時是以清朝官定
的朱學爲理學正宗，而排斥陽明學於理學之外。故在序首也特別
稱讚《宋史》依朱子道統觀念分〈道學〉、〈儒林〉爲二是「以
明伊、雒淵源，上承洙、泗，儒宗統緒，莫正於是」。

比起〈儒林傳〉的作者，黃宗羲顯然遠能同情地了解明代理
學的價值。這不但因爲他是王學後人，將王學也視爲是理學中的
正統，而且他對於理學的整個發展也有較深入的理解。他所著的

《明儒學案》與全祖望、黃百家繼其志業所編修的《宋元學案》，在在可證明其對理學所下的苦功。而其《明儒學案》＜白沙學案＞篇首則依承王畿的意見而說：

> 有明之學，至白沙始入精微。…至陽明而後大。

肯定了白沙、陽明對於明代理學的貢獻。＜崇仁學案一＞篇首則曰：

> 康齋倡道小陂，一稟宋人成說。

＜河東學案上＞篇首則曰：

> 河東之學，悃愊無華，恪守宋人矩矱。

＜諸儒學案上一＞篇首則曰：

> 上卷國初爲多，宋人規範猶在。

也說出了明初諸儒恪守宋學的情形。由此數學案篇首之序，可知＜儒林傳序＞作者雖對明代朱學不能和王學並驅的發展不甚滿意、對王學也貶而無褒，然而其對明初理學與宋代理學關係的看法，可說完全是跟從黃宗羲的意見。

本節即以明初五位重要儒者——曹月川（端，1376－1434）、薛敬軒（瑄，1389－ 1464）、吳康齋、胡敬齋（居仁，1434—1484）、陳白沙（獻章，1428—1500）——爲重點，探討與釐清所謂的「宋人成說」、「宋人矩矱」、「宋人規範」到底是何所指；並與前面兩章對照，以看出明初理學家在由朱學到王學的發展過程當中所扮演的角色。畢竟兩宋理學大師輩出，北宋周、張、大程、小程、邵可說已奠定下理學規模；南宋朱子則集北宋諸儒大成，象山雖於理論創發稍嫌落空、卻有本於孟學對理學作出第二序反省之功。固然在梨洲與＜儒林傳＞中所指的宋人之中不包

括陸學，然於其他理學大師的理論規模，以「宋人」兩字指稱實
嫌模糊。如＜儒林傳序＞顯將宋人二字解爲朱子，實大可疑問。
而明初諸儒學術的同異與王學關係的遠近，也有所不同。這直接
影響到是否該將王學和明初理學的關係定位爲連續的發展還是斷
裂的變化。將此問題釐清，有助於對理學發展情形的了解。

　　本章偏重在以思想分析來探討上述的問題。這樣的作法首先
遭遇的困難，就是明初理學的一個特色：理論體系的缺如。上述
五位儒者，從現存的文獻來看，除敬齋之外，其他人的思想幾幾
乎無所謂的體系可言：月川零散的有限資料，固顯不出有何重要
的理論成果；留下《讀書錄》、《讀書續錄》、《敬軒文集》的
敬軒，在繁複雜散的筆記裡也無任何精采理論；康齋的《日錄》
大部分記的是自己體踐的心得；白沙兼具詩人、儒者的身分，而
《白沙子全集》中詩作和論詩之作多於論理學、論工夫之作。敬
齋雖能將其所承繼的理學思想，作較爲清楚的表達，然而只要翻
閱過他的《居業錄》，就可以知道裡面無多少新意。而且，語錄
——能使各別理學家思想更爲彰顯的一種紀錄文體——也不再成
爲這幾位儒者留下表露自己思想的方式。這使得思想分析的工作
只能以較粗略的方式進行。

　　這種不重理論的傳統，突顯出了理論與實踐之關係的問題。
明初儒者，可說是以身行重新來考慮這問題。然而在這種生活實
踐中，這五位儒者對於政治的態度也是值得注意的現象：月川、
敬軒可說是傳統型的儒者，他們的生活結合學者與政府官員的雙
重身分；康齋、白沙則站在另一方，幾乎對於士之出仕都抱持否
定的態度❷；敬齋可以說是居於二方之間，一方面他堅守著康齋

反對出仕的態度，一方面他又有許多對於政治的觀點、主張和康齋、白沙之極少提及政治的意態顯然有別。

　　此外，值得注意的是知識認同和客觀學術表現的差異。我所謂的「知識認同」是指對其前理學傳承中的重要人物的正面評價，在這些正面評價之中，又可以見出評價者意所嚮往的理學家典型是誰；如康齋之於朱子、敬齋之於明道、月川之於濂溪。然而知識認同，卻可能和評價者個人的客觀學術表現有所差異。對於這種差異的解釋也有助於我們了解思想演變的過程。

第一節　曹　端

　　曹端，字正夫，號月川，河南澠池人。《明儒學案》＜師說＞第二條論其學曰：❸

> 　　先生之學，不由師傳，特從古冊中翻出古人公案，深有悟於造化之理，而以「月川」體其傳，反而求之吾心，即心是極，即心之動靜是陰陽，即心之日用酬酢是五行變合，而一以事心爲入道之路，故其見雖徹而玄，學愈精而不雜，雖謂先生爲今之濂溪可也。乃先生自譜，其於斯道，至四十而猶不勝其渺茫浩瀚之苦；又十年，怳然一悟，始知「天下無性外之物，而性無不在焉」，所謂太極之理，即此而是。蓋見道之難如此，學者愼輕言悟也哉。
>
> 　　按⋯愚謂方正學而後，斯道之絕而復續者，實賴有先生一人。薛文清亦聞先生之風而起者。

就今《曹月川集》所輯存之資料而論❹，蕺山之言可謂簡且備，

以下即本其義，略爲述論月川之學。

戢山之論，可整理爲以下數點：

　㈠月川之學和其前的程朱學有不同的地方，故特別點明「不
　　由師傳，特從古冊中翻出古人公案」。此應是指月川＜辨
　　戾＞所辨朱子理不動之說。

　㈡月川之學是由理氣論歸向心性論。其理氣論最重要的，
　　可說是「月川」之悟；而其心性論最重要的觀念則是強
　　調「心」的重要。

　㈢敬軒之學和月川有關。

第三點，錢穆已稍加發揮，和月川思想也較無關係，本文不
論。❺

關於「理動不動」的問題，月川於其＜辨戾＞一文中說：❻

　　周子謂：「太極動而生陽」、「靜而生陰」，則陰陽之生
　　由乎太極之動靜，而朱子之解極明備矣。其曰「有太極，
　　則一動一靜而兩儀分；有陰陽，則一變一合而五行具」，
　　尤不異焉。及觀《語錄》，卻謂太極不自會動靜，乘陰陽
　　之動靜而動靜耳。遂謂「理之乘氣，猶人之乘馬，馬之一
　　出一入，而人亦與之一出一入」，以喻氣之一動一靜而理
　　亦與之一動一靜。若然，則人爲死人，而不足以爲萬物之
　　靈；理爲死理，而不足以爲萬物之原，理何足貴，而人何
　　足貴哉？今使活人乘馬，則其出入行止疾徐一由乎人馭之
　　何如耳。活理亦然。

月川這裡引了朱子三段文字，認爲其中的一段（＜太極圖說＞註
文）和其它兩段有所異同。而最後一段文字的比喻更是使理成爲

死理，而使得理不足尚。下文即就朱子這三段文字的相容性分別檢討，並討論月川的看法。

這裡「理動不動」的問題，其實就是「太極動不動的問題」。朱子對於這問題的看法，應可肯定地說「理是不動的」，或說「理是靜的」。當然這裡的「靜」或「不動」並不是對運動狀態的形容，而是對「理」的存在狀態的形容。一方面，朱子可以說「理無動靜」，此動靜是指運動狀態而言，或指理的無變化而言；另一方面，對於理這種「無動靜」如果要去形容的話，也只有用「靜」或「不動」去形容，而不是「動」或「不靜」。所謂以靜言「體」的意義就在這裡。對朱子來說，「理」的超越就在於它不受氣的影響而有所變化；也不直接涉入氣的變化，而使其自身受這種多樣呈現的紛雜之反溯的限制❼。理對氣的關係，只是一「定然的有限超越」。「定然」即言其超越而不涉入的不雜，「有限」則言其在氣中仍須為氣之所以然的不離。這裡又可見出朱子理氣論中，理氣互相限定的情形；兩者的互相限定皆非以直接涉入的方式呈現，而是結構關係性的間接限定。而這種結構限定也可以解釋為什麼月川會認為朱子是主張理是動的。

月川引朱子語錄兩語，第一語云：

> 太極不自會動靜，乘陰陽之動靜而動靜耳。

明顯地指明太極沒有自動性（動、靜皆可以用來作為一種動作的稱呼，故此以動表動、靜兩動作），其所以似有動靜，乃是乘陰陽之動靜的關係；所以說「似有動靜」，一方面說明上語第三個「動靜」仍非太極有所動靜，一方面說明理受氣的關係性限制。月川所引朱子語錄第二語實明白清楚地說明了這整個理論的境況：

　　　　理之乘氣，猶人之乘馬，馬之一出一入，而人亦與之一出
　　　　一入。

「人之乘馬」即理、氣關係。「太極不自會動靜」，即在馬上之
人不可能自往東往西而非藉著乘馬而往。「乘陰陽之動靜而動靜
耳」，即「馬之一出一入，而人亦與之一出一入」；人與之一出
一入，並非人有一出一入的動作，乃是馬一出一入，而人因乘在
馬上也似有一出一入的動作，而事實上只有馬在一出一入。然而
不管馬在何時何地一出一入，馬都不能脫離人乘馬的狀態（反之
亦然），這即是一種關係性限制。

　　月川以「死理」來批評朱子的理不動說，從這簡短的批評中，
可知月川並非深入朱子的體系，見出朱子理論本身有內在矛盾，
或其理論不夠周延，未能解決一些理學所欲面對的問題；而是從
一印象開始——如同人為萬物之靈一樣，理應該也比氣足貴。若
回到朱子自己對於理氣的理論，雖然在很多細微地方朱子還不夠
周密，然而其理論大體上沒有矛盾的地方。

　　接著討論月川引朱子對《太極圖說》的注文：

　　　　有太極，則一動一靜而兩儀分；有陰陽，則一變一合而五
　　　　行具。

在這段注文前，月川首引濂溪「太極動而生陽，靜而生陰」，言
「陰陽之生由乎太極」；然後再給予濂溪此句話以明確的解釋後，
再在這個基礎上，言朱子之注應即是濂溪之意。既然太極動靜而
兩儀分，則太極有動靜自不待言。故朱子此注遂似與語錄二語有
差異。然而朱子的注文果當如月川所解嗎？

　　比較濂溪原文，則知道朱子注文的語法大不同於原文。朱子

言「有太極，則一動一靜而兩儀分」，太極並不爲動靜的直接主詞。使得動靜的主語到底何所指，有了偏離太極的可能。而這裡濂溪的原文可說是根據《易·繫辭上傳》「易有太極，是生兩儀」而來。朱子的《易本義》對這句話的解釋是：❽

> 一每生二，自然之理也。易者，陰陽之變；太極者，其理也。

「一每生二」，似乎太極果眞能生兩儀。然而朱子此處的注文實自「易者，陰陽之變…」開始。「一每生二」說的不是太極和兩儀的關係，而是兩儀和四象、四象和八卦的關係。觀乎此下的注文可知：

> 兩儀者，始爲一畫以分陰陽；四象者，次爲二畫以分太少；八卦者，次爲三畫而才之象始備。此數言者，實聖人作易自然之次弟，有不假絲毫智力而成者，畫卦、揲著其序皆然。

可見這裡的一每生二，乃言畫卦之事，而畫卦之始實自一畫（兩儀）始。而太極與兩儀的關係，實是「易者，陰陽之變；太極者，其理也」。故太極與陰陽中間實無所謂「生」的關係。而從朱子注文也可知道，他所持的乃是太極不動（理不動）的論點。朱子《太極圖說》注，正是不願意自己的注文與濂溪原文的顯義有所衝突，故將注文的語句改變。「有太極，則一動一靜而兩儀分」，就朱子整個體系來看，「一動一靜」的主語應是「氣」而非「理」或太極。當然，作爲濂溪原文的注來看，朱子注文的瑕疵很容易就可以看出來，但朱子的注文應是合乎其整個體系的，不應把濂溪原文的意思倒過來加諸朱子注文之上。

月川誤解朱子注文是一回事，月川所提「死理」的批評能不能成爲朱子思想體系的一個難題是另一回事。從第一、二兩章的理氣心性說來看，月川所說的「死理」確實能突顯出朱子思想所含藏的一些問題，如：一、理能不能生氣；二、性善的確義，及性與心的關係。若回到那個人騎馬的比喻來看，「活人乘馬，出入行止疾徐一由乎人馭之」固是較爲合乎我們的實際經驗，然而這卻也造成了無效解釋的循環：朱子提出理氣論固是要說明人的善惡的背後理論根據；若再回到現實經驗中，則仍然要再回到原來的問題——爲什麼有的人乘馬出入行止一由乎己，有的人乘馬則否？而且月川也有技巧地躲過一個難題——活人乘活馬的情況。活人乘活馬，馬不一定聽人的話，則理即是活人，亦無絕對地駕馭馬的能力。然而若照月川活理的解釋，則馬的能動可以直接歸諸人的駕馭，而「道德的主動性」不必藉由朱子「道心」的觀念，即可直接從理上、太極上、性上講，❾陽明「心即理」的說法雖與之有主、客偏重的不同，然而理、氣（心、性）收併歸一的概念卻也與之類似。

然而概略地對朱學提出一個問題和系統性地批判還是有很大的差別。月川的情形顯然是前者（至少就現存文獻來看），他對朱學的反省顯然是點的而非面的。故而月川並沒有就此「活理」觀念繼續推展下去，而和朱子立異幟；卻反而仍是朱學的擁護者。而對這個淺嘗即止的攻擊，劉蕺山、黃宗羲師弟有截然不同的評價。

蕺山言月川「從古冊中翻出古人公案」，實隱含贊許之義。從上文所論可知「理動不動」的問題必然牽引出朱子理氣論無法

解決的一些難題，而這些問題的解決，實可以造成較能配合陽明心學的理氣論；故蕺山這裡自可以這種可能造成的影響來贊許月川。但在《明儒學案》中，梨洲顯然持另一種態度，來對待這種「可能造成的影響」。首先，他點出月川師承：

> 師事宜陽馬子才、太原彭宗古，遠有端緒。

「遠有端緒」顯然是肯定月川之學和其師承之間的正面關係，和蕺山的「不由師傳」是不同的陳述。

對月川活人乘活馬之喻，梨洲則有如下的批評：

> 先生之辨，雖爲明晰，然詳以理馭氣，仍爲二之。氣必待馭於理，則氣爲死物。抑知理氣之名，由人而造，自其浮沈升降者而言，則謂之氣；自其浮沈升降不失其則者而言，則謂之理。蓋一物而兩名，非兩物而一體也。薛文清有日光飛鳥之喻，一時之言理氣者，大略相同爾。(《明儒學案》冊五，卷四四＜諸儒學案上二＞，(1064)。❿

梨洲顯然有將問題偏轉之嫌。月川提出理動不動可說是在朱子理氣論中提問題，梨洲則是從純粹的王學立場，以「理氣是一」的辨難批評月川之說仍有偏失之處。然而「理動不動」和「理氣是否是一」兩者之間的關聯，正是蕺山贊許月川的原因。將這兩種對月川「理動不動」說法的批評相較，梨洲雖也受本身主觀立場的影響，然而其輕視月川此說，顯然較符合思想史上的事實。就現存資料來看，月川並未將「理動不動」的問題擴大，使得朱子基於理氣論而建構的心性論有所改變。而蕺山「即心即極，即心之動靜是陰陽，即心之日用酬酢是五行變合」實有將月川之學向陽明心學方向解釋的嫌疑。在＜存疑錄＞中，月川自敘其所悟云：

逮五十而後方聞「天下無性外之物，而性無不在焉」、「性

即理也」。理之別名曰太極、曰太乙、曰至誠、曰至善、

曰大德、曰大中，隨意取名不同，而道則一而已。⓫

理之別名中有太極而無心，知戢山「即心是極」之論有誇大之嫌。

再論「以『月川』體其傳，反而求之吾心，·一以事心爲入

道之路。」「月川之傳」乃指月川對理一分殊的體會。月川有詩

<月川交輝圖>云：

天月一輪映萬川，萬川各有用團圓，有時川竭爲平地，依

舊一輪月在天。⓬

月川門人謝琚曾論此曰：

先師自幼喜觀《太極圖》，涵蓄既久，默契於心，撮其大旨，

而以月川喻之，出示學者，以在天之月喻萬殊之原於一本，

以映水之月喻一理之散爲萬殊。大要形容一貫之理以樂其志。

與周子圖說相爲表裡者也。因號「月川子」。⓭

「以天之月喻萬殊之原於一本」即詩首句之意，「以映水之月喻

一理之散爲萬殊」即第二句之意；三句則言氣有散滅時，四句則

言理之本源不隨氣之散滅而有影響。可謂意本朱子，而無創新；

且月川之喻亦非新立。⓮然而在理學傳統中，理論的創發雖然重

要，個人體驗的重要性也不可輕忽。而且個人體驗的獨特性，有

時往往不自知地將其所承的傳統加以轉變。

謝琚所云「形容一貫之理以樂其志」，一方面點出其學脈仍

從宇宙論返回心性論，是濂溪、康節、橫渠的路數。⓯一方面也

可見出月川之學與朱子的關係。就謝所云上下文來看，「一貫之

理」指得是理一分殊，一言理一，貫言分殊。這也是朱子格物說

所包含的另一面向，月川集中有論伊川、朱子言「風之所自」之是非，可見出月川所承朱子的格物傳統。❶然而月川他處又另言一貫之理則非完全接連在理氣論的背景之下而論：

> 「克己復禮爲仁」，孔傳顏之心法也。「吾道一以貫之」，孔傳曾之心法也。夫聖人之心法，一也，何傳不一旨歟？蓋一是仁之體，貫是仁之用；事皆天理是貫，心德全是一。夫何不一之有。（《語錄》頁15）

月川用本文自證的方式來解一貫之理，自然也就遠離了宋儒理氣論的規範。❶因在《論語》的本文中自然找不到宋儒理氣論的理論。而「事皆天理是貫，心德全是一」，對於朱子的格物理論來說，事理是多故言貫，心性是全故言一，也非常貼切。然而以一貫言體用，則「事皆天理是貫，心德全是一」未嘗不可以用陽明心即理的體系去闡釋。在這種情形下，蕺山要大贊其「心」概念，也有他的理由。何況月川還有論心的數條資料，更可用來支持蕺山的說法：

> 人之所以可與天地參爲三才者，惟在此心，非是軀殼中一塊血氣。
>
> 事事都於心上做工夫，是入孔門底大路。
>
> 聖人之心，一天地生物之心。天地之心，無一物不欲其生；聖人之心，無一人不欲其善。

蕺山的說法，將月川學導入陽明學（就闡釋上來說），以上引三條資料來看，似無不妥。然而問題在於：一、這些資料是否可以放在朱子思想體系來被加以解釋？二、月川另一重要觀念——性——和心的關係如何？就第二點來說，上文已提過，月川並

未將性和心的觀念完全等同，因此梨洲對月川理氣論的批評仍然可稍加轉換用來批評月川的心性論（就王學立場來說）。就第一點來說，上文三條資料也絕對可以在以朱學爲前提下，求得合理的解釋。既然朱子的性是靜態的、定然的理，並不爲人作爲一主體的善惡負責，則人之成聖成賢當然應歸之於作爲主體概念的心，而不是性。蕺山之論終非定論，故梨洲對月川理論的評論終不取其師之說。但是，在箇中，也可見出陽明學出於朱子而不出於象山的跡象。

《明史・儒林》謂月川：

> 學務躬行實踐，而以靜存爲要(9237)

「靜存爲要」之實爲何不可知；而「學務躬行實踐」，觀月川之行事殆可知矣。月川自己也說「窮理反躬之學，吾輩當時時念之。」 ⓲。觀其事父母、爲學正、辨儒佛，皆就實從事上說。開理學傳統之濂溪的名言「求孔顏樂處」，也被月川以「仁」字活活打死。⓳而且其反理論之傾向，由其不事著述，而先於白沙以「糟粕」言聖經，皆可見出。這些都是月川就實之處，實有以宋前儒學來修正理學的趨勢。

第二節　薛　瑄

薛瑄，字德溫，號敬軒，山西河津人。其學說大致留存於《讀書錄》、《讀書續錄》二書之中。至於《敬軒文集》中，除詩作外，其他多屬應酬文字，論學書極少。

敬軒於其《讀書續錄》的＜序＞中云：

於讀書心中有所開時，隨即劄記，有一條一二句者，有一條三五句者，有一條數十句者，積二十餘年及成一集，名曰《讀書錄》。…但有得即錄，不覺重復者多，欲皆刪去，而意謂既亦以備「不思還塞」，則辭雖重復，亦可爲屢省之助云。

二書中之內容，誠如敬軒自言，實是隨手筆記，其中連貫性、整體性都頗爲欠缺。這也造成討論敬軒思想的困難。然而由這種形式表達，也可見出敬軒思想的最大的弱點——零散而不夠深入。所以高攀龍云：「薛文清、呂涇野語錄中皆無甚透悟。」❷⓿梨洲也說：

河東有未見性之譏，所謂「此心始覺性天通」者，定非欺人語，可見無事乎張皇。（《明儒學案》卷七＜河東學案＞）

梨洲數語，將敬軒實修與理論表現分觀而論實屬公允；錢穆以其爲以譽爲譏，似有深文之嫌。❷⓵

敬軒自言其治學經過云：

瑄七、八歲時，…又六七年，先君子見可教，遂授以《四書》及他聖賢書，曰：「此爲學之要也。汝其勉之！」瑄拜受所教，遂發奮篤專於誦習，晝不足則繼之以夜，夜坐倦則置書枕側而臥閱之，或有達旦未已者。至於行立出入，起居飲食，不諷諸日，則思諸心，雖人事膠擾，未嘗一日而易其爲學之志也。如是者積十餘年，然後若有以察夫聖賢千言萬語之理，無不散見於天地萬物之中，而天地萬物之理，無不統會于此心微密之地。自是以來澄治源本，而恆懼夫邪慮以淆之，篤專修習而不致以他好奪之。（《敬

軒文集》卷十二＜與楊秀才書＞頁六下）

由上引資料，可以看出敬軒好讀書的精神，與吳康齋有異有同（見下文）：同者爲讀書以「澄治原本」、「懼夫邪慮以淆之」，異者爲由書中「察夫聖賢千言萬語之理」。就兩人而言，敬軒之讀書，實較接近朱子格致之教。門人張鼎言敬軒之學則曰：

> 大抵先生剛方正大，以聖賢爲師，處己接物，不詭隨，不屈撓，講論經書，窮究義理，自一身一心推之至於萬事萬物，然後約之以歸於一。其餘子史百家，靡不淹貫，究竟至極，尤邃於性理之學。《周易》、《太極圖》、《西銘》、《近思錄》未嘗釋手。常瞑目端坐，思索有得，欣然見於顏面，其學蓋已至於樂之之地矣。…嘗以程門教人居敬窮理，接引後學。（＜敬軒文集原序＞）

由張氏之言，可知梨洲所說「河東之學，恫愊無華，恪守宋人矩矱」之實義。然其讀書加上瞑目端坐思索以至於樂之之地的工夫則特別值得注意。對照月川之「形容一貫之理以樂其志」，實有脈絡相承之跡。無怪乎蕺山要言「薛文清亦聞先生（月川）之風而起者」。月川是直接思入宇宙道體之奧妙，敬軒則將其進一步引進心、性與天、理的關係，故言「此心始覺性天通」。這種理氣論的興趣，在崇仁一派中，幾幾乎不可見。❷❷

梨洲論敬軒之學云：

> 先生以復性爲宗，濂、洛爲鵠，所著《讀書錄》大概爲《太極圖說》、《西銘》、《正蒙》義疏，然多重複雜出，未經刪削，蓋惟體驗身心、非欲成書也。（＜河東學案·上＞）

所重在《太極圖說》等書，可知敬軒治學重點所在。至論其行，

梨洲云：

> 盡美不能盡善。

〈師說〉則云：

> 前輩論一代理學之儒，惟先生無間言，非以實踐之儒歟？
> …先生於道、於古人全體大用，儘多缺陷，特其始終進退
> 之節，有足稱者，則亦成其爲「文清」而已。薛文清多困
> 於流俗。

此中有褒有貶，貶之義重，無乃責備賢者之意。觀《敬軒文集》
中，敬軒因處於朝而所作之應酬文字極多，連篇之中不乏完全雷
同之語句，贈序的對象不乏平生未晤之人，則「困於流俗」之評，
不亦宜乎。觀戢山、梨洲二人之身世，知其最重者乃在人之風骨，
敬軒雖自守有餘，待人處事之間不免有熟軟之處。二人評議敬軒
之時，或有持義太高之處，然就事論事，無涉乎學術立場，錢穆
以「專尊陽明，似未能真識敬軒之爲人」爲論，亦欠公允❷。將
月川、敬軒兩人出處踐履比並而觀，敬軒之所困無乃造因於其身
處朝廷，而月川之成全其守則因只爲地方小官。儒學價值與政治
體制的矛盾已若隱若現，至崇仁一派，愈加明顯，如康齋、白沙
皆以本末之論顯拒入仕、自守不出。

　　前已述及，《讀書錄》二書之零碎形式，使得敬軒不能究其
所悟，故在其條記中，表現出的總不夠深刻。然而也就在這種零
散的形式中，可以看到宋學被支解，這種支解自然也帶來了一些
新的發展的可能。敬軒未能親身將其筆記整理一過，以顯出其思
想脈絡，誠爲可惜。然梨洲既言其「復性爲宗」，亦不可謂其無
主要的議題。以下僅就幾方面，論述敬軒思想值得注意之處。

零散的敘述使得敬軒思想中，絕見不到朱子系統中那種暗自含藏的緊密相關性。在這種系統破滅之中，朱子思想的整體構思遭到解體。在論題的涵蓋方面，固可說敬軒不出朱學範圍，然在整體思想的呈現，則敬軒固有所易於朱子。

「性」是敬軒學中的最大題目。敬軒言：

> 為學只是要知性復性而已。朱子所謂「知其性之所有而全之也。」（《續錄》卷二）
>
> 千古聖賢教人之法，只欲人復其性而已。（《讀書錄》卷五）
>
> 千古聖賢之言，一性字括盡。（同上，卷四）
>
> 性外無道，率性即道也。（同上，卷六）
>
> 涵養須用敬，存此性耳；進學則在致知，明此性耳。
>
> （《續錄》卷六）

第三條資料最可見出敬軒之異於朱子。將涵養、進學皆挽結到一個「性」字，固亦可於朱子系統中求得解釋，然不可能如是直捷地成立。（後來敬齋則將二路併歸入一心字，二人正好對照。）上一章已經說過，朱子將實踐的概念實落在「心」上，敬軒體悟「性」時，總是在觀書、端坐思索時，故實事踐履的意義似少。故在言心性關係時，可以明顯地見到格物窮理的脫落。

敬軒勤於讀書，自不可謂之不是格物工夫，然對於朱子來講，格物工夫雖然在表面上是窮得外物之理，實即是藉此動作來明心內之性。敬軒高度提高性的理論地位後，似有將心藉著窮理來與性發生實質關聯的這種理論打破。《讀書錄》云：

> 心一收而萬理咸至。至非自外來也。蓋常在是而心存有以識其妙耳。心一放而萬理皆失，失非向外馳也。蓋雖在是，

而心亡無以察其妙耳。

將心的自存和性理（以「非自外來」，知其爲內具之性理）直接講到一起，心不必再透過格物窮理，才能使結構中的潛具化爲實踐中的合具（合一之具有）。「心亡無以察其妙」，則心之察直以心中之性理爲對象，亦非朱子所能肯認。心理關係如是密切，故敬軒有時又直言立心以爲本：

> 爲學第一工夫，立心爲本。心存則讀書窮理，躬行踐履，皆自此進。（《讀書錄》卷十）

敬軒既然如此重視性，這使得心的主體實踐意義有可能被解消。他一再強調「太極只是性」（《讀書錄》卷八），又主張太極會動靜：

> 張子曰：「一故神」。神即太極也。或者謂「太極不會動靜」，則神爲無用之物矣，豈所以爲造化之樞紐、品彙之根柢哉。（《讀書錄》卷七）

這和月川的人爲死人、理爲死理同一疑問。然而就如讀書筆記的散亂，這種疑問並無形成一種連續的追問，以逼出最後的解決。在梨洲所批評的一段理氣論的比喻中，可以見出敬軒這種一時之悟終未能明確地對朱學提出有力的批評：

> 理如日光，氣如飛鳥，理乘氣機而動，如日光載鳥背而飛。鳥飛而日光雖不離其背，實未嘗與之俱往而有間斷之處，亦猶氣動而理雖未嘗與之暫離，實未嘗與之俱盡而有滅息之時。氣有聚散，理無聚散，于此可見。（《讀書錄》卷五）

梨洲站在理氣一的立場評其：

> 理爲氣之理，無氣則無理，若無飛鳥而有日光，亦可無日

光而有飛鳥，不可爲喻。

日光飛鳥之喻誠有不善，然敬軒之意亦只在說明理可獨存。另一條資料則將此說更擴大來說：

> 理如日月之光，小大之物各得其光之一分。物在則光在物，物盡則光在光。（《讀書錄》卷五）

前句言理一分殊，後句言理不隨氣盡。若就朱子的宇宙行程而言，敬軒之比喻實有其妙處。第一章第二節曾說明在不同的宇宙行程裡，朱子認爲理氣的關係有所變化；但就某些問題來看，朱子的理氣關係，又有重疊的關係。就如敬軒此喻，日光一方面在這個世界上與物俱存，一方面又在世界外獨立不改。

敬軒的宇宙雖也有似朱子的循環，但由於其對太極的了解並不只是一定然的空闊潔淨世界，故其主張「理能生氣」的態度並沒有朱子那麼游移：

> 萬物盡，天地老，超然獨存，再造天地萬物者，其太極乎！
>
> （《讀書錄》卷四）

又云：

> 理無所不有，如天地之初都無一物，只有此理，而天地萬物自能生。假使後世天地萬物一時俱盡，而此理既常存，又自能生萬物，可謂萬物必待有種而後能生乎？
>
> （《讀書錄》卷六）

理既能生天地萬物，則理能動亦無疑義。故敬軒又言：

> 理爲主，氣爲客，客有往來，皆主之所爲，而主則不與俱往。（《讀書錄》卷五）

「皆主之所爲」的全稱命題顯然有問題，因爲如此，則氣皆順理

而行，就無惡的問題。在別的地方，又看到敬軒繼承朱子的說法云：

> 氣強理弱，故昏明善惡皆隨氣之所爲，而理有不得制焉。至或理有時而發見，隨後爲氣所，終不能長久開通。所謂爲學者，正欲變此不美之氣質，使理常發見流行耳，然非加百倍之功，亦莫能致也。（《讀書錄》卷五）

這裡理的全然決定地位，又以遵循朱子的方式被推翻。但理氣的這種相互決定，實是有助於解釋善惡的來源。

至於工夫論，敬軒作＜敬吟＞云：

> 人惟肖天地，亦具天地性，性無物不存，存性惟一敬。…整肅嚴隄防，主一謹操柄，惺惺不昏昧，收斂無餘剩。…廿敬苟不存，萬欲皆奔縱。（《敬軒文集》卷二）

以敬存性，可知敬軒多麼重視敬的工夫。然而通觀敬軒生活、爲學姿態，有時其言靜、言虛要甚過於言敬：

> 心中無一物，其大浩然無涯。
>
> 常沈靜，則含蓄義理，而應事有方。
>
> 少言沈默最妙。
>
> 無欲則所行自簡。
>
> 若胸中無物，殊覺寬平快樂。
>
> 心虛有內外合之氣象。
>
> 學至於心無一物，則有得矣。
>
> 靜坐中覺有雜念者，不誠之本也。惟聖人之心，自然眞一虛靜，無一毫之雜念。
>
> 學問實自靜中有得，不靜則心既雜亂，何由有得！

涵養省察，雖是動靜交致其力，然必靜中涵養之功多，則
動時省察之功易也。（以上錄自＜河東學案，上＞）

歛襟坐久此心虛，靜看濂溪太極圖；理在象中元不離，莫
於象外用工夫。（＜觀太極圖二首＞之一，《敬軒文集》卷四）

敬軒並言明敬與靜虛的關係云：

敬則中虛無物。（＜河東學案・上＞）

是在敬軒工夫中，靜亦是很重要的。而崇仁一派，更以靜為修養
的根基。

略論敬軒理氣、心性、工夫如上後，我還想提出《讀書錄》
中的三個問題來討論：一是敬軒對於語言文字的態度；二是敬軒
對於自信自守的說法；三是敬軒為學精神源於朱學的開放性。

前已云月川先白沙以糟粕言聖經，而康齋、敬齋雖都篤信聖
經，然而他們兩人都不輕言著述，也對文字表示出另一種負面的
態度。至於敬軒雖隨手記錄其讀書所得，然正如梨洲所言，其實
「非欲成書」也表示出了和康齋、敬齋兩人相同的態度。

敬軒既然勤於讀書，而且以讀書筆記表其所自得，他自然是
不反對讀書的：

經之所載者理，能通乎經，斯能明理以覺夫人。苟經有不
通，則理有不明。（＜送白司訓序＞，《敬軒文集》卷十三）

將通經和明理的關係，作了密切的關連，和朱子「一書不讀則闕
了一書之理」所指有寬鬆之異，然語義則無不同。然而有一種讀
書的態度，卻使聖人經書成為糟粕：

程子謂方道輔曰：「經以載道，誦其言辭，解其訓詁，而
不及道，乃無用之糟粕耳。觀足下由經以求道，異日見卓

立于前，有不知手之舞足之蹈。」竊謂因經以求道，乃進
學之至要。蓋凡聖人之書皆經也。道則實理之所在，苟徒
誦習紙上之經，而不求實理之所在，則經乃糟粕，如程所
云也。（〈答閻禹錫書〉，《敬軒文集》卷十二）

這兩段資料都未否認文字、語言與道的關係。然而若看看以下幾
條《讀書錄》中的資料，則知敬軒並不一定對文字和道的關係那
麼肯定：

不識理名難識理，須知識理本無言。（卷三）

「名」對敬軒來說，固然是一使人最快對道產生反應（不管是正
確的或是不正確的反應）的事物，然而最終真實的識理卻是在無
名言的狀況下完成的。又云：

直是要求實理。實理之名雖在書，而實理之理則在理。

（卷四）

實理皆在乎萬物萬物之間，聖賢之書不過模寫其理耳。讀
書而不知實理之所在，徒滯于言辭之末，夫何益之有！

（卷十）

這裡說明了語言文字只是「模寫」，並非實理之自身。又云：

太極即是理，就太極上愈生議論，去道愈遠。

（卷六）

點出語言文字在描述最終實有的太極時是無能為力的。又云：

聖人發無言之教，以示學者當求聖人之道于一身動靜應事
接物之間，不可專求聖人之道于言語文字之際也。

（卷十一）

「不可專求于言語文字之際」是語言文字有所不能盡理也。敬軒

雖然不如白沙那麼輕忽文字,他在實際的生活實踐中也離不開書本。然而他已覺察到書本文字的不足,這也使他嘗試直接從萬化流行中去體會此理,而有所和會於遠之明道、近之月川:

> 翠竹紅榴掩映間,柏臺清晝鳥聲閒,情知物理相關處,心與乾坤一樣寬。(<魚臺分司>,《敬軒文集》卷五)
>
> 自是春風造化機,織成錦翠爛相依,細看一種生生意,眞宰無言識者稀。(<萱草堆金>,《敬軒文集》卷五)
>
> 畫堂松月夜窗虛,宴坐澄心一卷書,莫道畫前元有易,靜中天理亦森如。(<松窗皓月>,《敬軒文集》卷五)
>
> 煖雲無力趁東風,小圃芳菲一逕通,若問人間眞太極,便應攜手看春紅(<花圃繁紅>,《敬軒文集》卷五)
>
> 參天喬木聖公家,應愛春風滿圃花,還似濂溪窗外草,一般生意浩無涯。(《敬軒文集》卷五)

另外,在《讀書錄》中還有幾條關於自信自守的資料:

> 人當自信自守:雖稱譽之、承奉之,亦不爲之加喜;雖毀謗之、每慢之,亦不爲之加沮。(卷一)
>
> 人當自信。定見明、自信篤,可以處大事。(卷七)
>
> 惟篤于自信而已。(卷九)
>
> 人之自立,當斷于心。若實見得是,當決意爲之,不可因言以前卻而易其守。(卷九)

這種自信自立的說法,自無大易於《論語》中言「匹夫不可奪志」、「我欲仁,斯仁至矣」,將人直接視爲一行動的主體,不再以較細緻的概念分析去陳述人的行爲過程。這種較不詳於心性情意的概括說法,實踐性格是較強的。如月川也是略言心、性、而著意

篤行。❷

　　最後值得注意的是敬軒的思想，代表了在朱學理氣論的背景下，發展出來的開放精神。在認定朱子所說「萬物皆有理」、「一書不讀即少一書之理」的格物理論下，形成了一種博學的精神。這種博學的精神對於任何書籍內中所含藏的理論並無預先設定的價值評判。在《讀書錄》與《讀書續錄》中，敬軒在各式各樣的書中，發現了「理」，而這些書籍的範圍則非常廣泛。在合理化這些書籍（當然是以敬軒自以爲的儒學思想爲中心）的過程當中，難說敬軒是一「純」儒（至少在思想上是如此）。這種開放性，雖未使敬軒完全脫離程朱學派，然而在個別的意見中往往有不合乎程朱意見的出現。若說在明初諸儒中，敬軒較其他人更完整承繼了宋學應不爲過。然而這種承繼，卻不似朱子之承繼北宋諸儒，敬軒並沒從反覆的究詢中，建立組織起自己的思想體系，以消納其所承繼的東西。

　　月川、敬軒都可算是實踐之儒，而其生活趨向無殊異於傳統儒者的生活——同時是政府官員和教導學生的老師。兩人沒有爲理學帶來較重要的變化，然而幾乎與之同時的崇仁學派，雖也注重實踐篤行，卻和政治絕裂，將理學內部理論和儒者的政治實踐的矛盾突顯出來。這種生活樣態的改變，和他們所持的理論也有某一程度的相關。後來王學後人對於政治較激烈的抗爭，雖和崇仁一派不涉入政治的態度有所不同，然較之於月川、敬軒，則無論在學術上、還是在生活型態上，崇仁一派對後世的影響顯非月川、敬軒二人可及。

第三節　吳與弼

　　吳與弼，字子傳，號康齋，撫州之崇仁人。不事著述，所著《日錄》，悉自言平生所得。❷

　　《日錄》共三二八條，爲《康齋集》之一卷。康齋之學可從其中窺其梗概。

　　梨洲論康齋之學云：

> 康齋倡道小陂，一稟宋人成說。言心，則以知覺而與理爲二；言工夫，則靜時存養、動時省察。故必敬、義夾持，明、誠兩進，而後爲學問之全功。
>
> 先生…身體力驗，只在走趨語默之間，出作入息，刻刻不忘，久之自成片段。…一切玄遠之言，絕口不道，學者依之，眞有途轍可循。（《明儒學案》＜崇仁學案・一＞）

　　而《明儒學案》＜師說＞則云：

> 先生之學，刻苦奮勵，多從五更枕上、汗流淚下得來。及夫得之而有以自樂，則又不知足之蹈之、手之舞之。蓋七十年如一日，憤樂相生，可謂獨得聖賢之心精者。至於學之之道，大要在涵養性情，而以克己安貧爲實地。此正孔、顏尋向上工夫，故不事著述而契道眞，言動之間，悉歸平澹。…《日記》云：「澹如秋水貧中味，和似春風靜後功。」可爲先生寫照。

　　梨洲之言指出二點：

　　一、康齋的理論沒有什麼突破性，完全是宋人成說。而且其

　　　　理論內容所涉及的範圍要比宋儒來得小（絕口不道玄遠
　　　　之言）。這裡「玄遠之言」之所指，證之康齋《日錄》，
　　　　指的應是宋儒理氣論。

　　二、康齋的體踐範圍，只及於個人之身。（身體力驗，只在
　　　　走趨語點之間。）

而＜師說＞所云，更將康齋力踐的情形，作了適切動人的描述。
也指出了爲學工夫在於「涵養性情」、「克己安貧」。

　　下文擬更就《日錄》中的內容，作進一步的探討，以予康齋
之學一更完整的面貌。

　　最常出現在《日錄》中的理學傳統中人，應是朱子與康節。
康齋對朱子的推崇，錢穆於其＜明初朱子學流衍考＞特地爲其表
章，此處不再贅述。至於康節，康齋於其《日錄》，喜引其詩以
自證其安貧之樂。似乎康節的生活因與之類似而爲其立下一良好
規範，而康節以詩言志、言道的方式也爲康齋所喜。❷而隱藏在
《日錄》中的理學人物，似乎還有明道，《日錄》中多的是描述
自己與景物交得之樂：

　　　　平居則慕「心平氣和，與物皆春」。(10,6)

　　　　決口看水，途中甚適，人苟得本心，隨處皆樂，窮達一致。
　　　(34,7)

　　　　觀花木與自家意思一般。(36,16)

　　　　游園，萬物生意最好觀。(123,36)

　　　　觀百卉生意可愛。(145,41)

　　　　山中獨行甚樂，萬物生意盎然。(155,43)

　　　　早觀生意可樂，殘月尚在，露華滿眼，箇中妙趣，非言語

所能形容。東齋柱帖云:「窗前花草宜人意,几上詩書悅
道心。」(157,43—4)

食後授書,宿雨被霽,生意充滿,其可樂也。

夢云:「等閒識得東風意,便是橋邊烏鵲春。」(260,60)

重生意(朱子則重生理更甚於生意)、觀天地氣象,自是明
道思想。然明道之識雞雛之仁、觀生意、天地氣象,雖不脫道家
氣息,然其道德意義頗重,如<識仁篇>雖言「渾然與物同體」,
然而皆是在道德意義下講。而康齋之樂則大都僅止於當境之樂,
可說是一種適意之樂,難說此樂有何積極的道德意義。明道之識
仁,有涵養德性之效,而康齋觀物之樂則反而較近康節之「以物
觀物」。雖其自認在其中「人欲盡去,天理流行」,而此天理自
屬於天,康齋雖在其中得一時之樂,然而並不將道德意識的覺省
接續在此樂之後。而明道識得萬物與我同體後,更有天地之用皆
我之用之階段,康齋則無。康齋雖明顯地受明道影響,但此影響
所造成的結果恐極有限。

至於朱子對於康齋的影響,除了宿昔的典型之意義外,康齋
思想內容是否「完全」承繼了朱子思想,則頗值商榷。以下即先
對《日錄》中所顯示出的幾個主題加以探討,再回過頭來討論此
一問題。

《日錄》中的重要主題,約有下列數端:

一、治心氣;

二、收斂、靜時涵養;

三、讀書;

四、安貧;

　　五、克己。

　　「治心氣」可說是康齋覺知自己氣質之弊，然後對症所下之藥。

　　《日錄》云：

> 與弼氣質偏於剛忿。…與弼深以剛忿爲言，始欲下克之之功。(13,8)

而自克的目的則是上文所引之「心平氣和，與物皆春」。茲錄《日錄》中有關資料如下：

> 此間氣爲患，尋自悔之。(4,4)
>
> 毋使剛氣得撓，愛養精神，以圖少長。(23，13)
>
> 心爲氣物所撓，無澄清之功，則心愈亂、氣愈濁。(26，14)
>
> 須是力消閑氣，純乎道德，可也。(59，22)
>
> 溫厚和平之氣，有以勝夫暴戾逼窄之心。(127,37)
>
> 人之遇患難，須平心易氣以處之。(131，38)
>
> 涵養此心，不爲事物所勝。(186，49)

在壁上，康齋更大書「力除閑氣」(17，11)以自警。從以上的資料，可知康齋治心氣的目的：一在於對治氣質之偏，一在於避免外物對心有撓亂的作用。康齋的學生敬齋曾對養心和養氣的關係有過說明：

> 心具是理，乃氣之靈者。故養得心即養得氣，能養氣即養得心。心也、理也、氣也，二而一者也。（《居業錄》卷一）

克治心氣在理論上是屬於較消極的。敬齋點出心理關係，重養而不重對治，在理論上較進於康齋，也顯得較康齋能進入朱子系統。

　　爲除治閑氣、心氣，康齋工夫重在收斂和靜時涵養。《日錄》

云：

> 觀《近思錄》，覺得精神收斂，身心檢束，有歉然不敢少
> 恣之意，有悚然奮拔向前之意。(28,14)
>
> 看史數日，愈覺收斂為至要。(248,58)
>
> 觀農因瘡藉芳間，靜極如無人世。今日雖未看書，然靜中
> 思繹事理，每有所得。(33,15)
>
> 靜中觀物理，隨處有得。(274,62)
>
> 憩亭子看收菜，臥久，見靜中意思，此涵養工夫也。
> (296，65)

觀康齋一生，極少發越，故功夫多用在自省自克，過偏於靜，似有因藥生病之嫌。然而敬齋言敬亦重在嚴肅戒懼、白沙「靜中養出端倪」，實多與康齋有關。

最可看出康齋變化朱學的，要可說是讀書一事。朱子讀書主要乃為窮理，而康齋讀書則為涵養；可說朱子讀書所重乃在「書」，而康齋則重「讀」勝於「書」。上引讀《近思錄》一條，已可見康齋以讀書為手段來達到身心收斂的目的。茲再引數條資料於下：

> 今日所當為者，夙興盥櫛，家廟禮畢，正襟端坐，讀聖賢
> 書，收斂此心，不為外物所汩。(88，30)
>
> 心是活物，涵養不熟，不免搖動，只常常安頓在書上，庶
> 不為外物所勝。(92，31)
>
> 應事後，即須看書，不使此心頃刻走作。(95，31)

看書以治心，並非以心之知覺窮書中之理。可說朱子所尊奉之「涵養須用敬，進學則在致知」的雙向進路，至此已併歸一路，而所重在涵養不在進學。陽明《傳習錄》中，有「讀書所以調攝此心」

之說，正是康齋意思。讀書既可以涵養身心、收攝心氣，倒過來，能不能讀得下書，也可驗身心的狀況：

> 晚穀不收，夜枕思家用窘甚，不得專意於書，展轉反側。良久，因念困窮拂鬱，能堅人之志，而熟人之仁，敢不自勉。(116，35)

> 昨晚以貧病交攻，不得專一於書，未免心中不寧。熟思之，須於此處做工夫，故心中泰然，一味隨分進學方是。(138，39－40)

> 數日家務相因，憂親不置，書程間斷，胸次鄙吝，甚可愧恥。……其中不可動也。聖賢之心如止水，或順或逆，處以理耳，豈以自外至者爲憂樂哉！(19，12)

「不以自外者爲憂樂」，是康齋得力處，亦是康齋自限處。而時常引起康齋有這種感覺的，就是生活上的貧困。

《日錄》中記載著很多康齋面對著貧困而產生的反省。除上文已引用的相關資料外，僅再從《明儒學案》移錄幾條：

> 貧困中，事務紛至，兼以病瘡，不免時有憤躁。徐整衣冠讀書，便覺意思通暢。古人云：「不遇盤根錯節，無以別利器。」又云：「若要熟，也須從這裡過。」然誠難能，只得小心寧耐做將去。朱子云：「終不成處不去便放下。」旨哉是言也！

觀《日錄》所載，康齋眞是一生未將一「貧」字放下。

> 近晚往鄰倉借穀，因思舊債未還，新債又重，此生將何如也也？徐又思之，須素位而行，不必計較。‧然此心極難，不敢不勉，貧賤能樂，則富貴不淫矣。

今日覺得貧困上稍有益，看來人不於貧困上著力，終不濟
事，終是脆軟。

將貧困視為自己修為上的試金石，康齋雖以此磨去自己的剛忿粗
暴之氣，然終無法丟開這個包袱，更向前去。甚至在貧上起心，
計較起自己與古人貧的程度：

因事知貧難處，思之不得，付之無奈。孔子曰「志士不忘
在溝壑」，未易能也。又曰「貧而樂」，未易及也。然古
人恐未必如吾輩之貧。

康齋所推崇之朱子亦窮，然朱子從事印書、求為閒職以自養，在
不違背任何道德的原則下，求除去其貧。然康齋辨利、欲太嚴，
似有認維持生理為利欲之嫌。《日錄》第三條云：「隨事痛懲此
心，則割盡利欲根苗，純乎天理，方可語王道。果如此，心中幾
多脫洒伶俐，可謂出世奇男子。」就朱子而言，康齋恐是理有未
窮，故人欲雖去，也斬折了不少的天理。不然，焉有以親因己貧
受苦而不安之心為人欲，而只顧收拾此心，埋頭讀書之舉乎？陽
明回答弟子的一段話或可作為康齋的針砭：

直問：「許魯齋言學者以治生為自務。先生以為悞人。何
也？豈士之貧，可坐守不經營耶？」先生曰：「但言學者
治生上，儘有工夫則可。若以治生為首務，使學者汲汲營
利，斷不可也。且天下首務，孰有急於講學耶？雖治生，
亦是講學中事。但不可以之為首務，徒啟營利之心。果能
於此處調停得心體無累，雖終日做買賣，不害其為聖為賢，
何妨於學？學何貳於治生？」❷❽

治生為首務固不可，然治生亦是講學事。康齋能守貧，固是美德，

然無論在理論上、實踐上終究開拓不去，恐終是涵養工夫有偏，只重對治，未能真將得於書中之義理用來灌沃此心，而去充擴自己的踐履。白沙言康齋《四書》、《五經》無所不講，然白沙終無入處，而有心不能與理湊泊之疑。康齋自身雖無此疑，然其心是否已與理湊泊，恐未必然。其所以缺白沙之疑，應與其自限在固定的實踐場域裡有關。

　　安貧是康齋克己工夫之一實例。在《日錄》中，還可見到康齋對其日常生活中一言一行的反省：

> 與鄰人處一事，涵容不熟，既已言訖，彼猶未悟，不免說破。(4，4)小童失鴨，略暴怒，較之去年失鴨減多矣，未能不動心者，學未力耳。　(44，18)
>
> 因暴怒，徐思之，以責人無恕故也。(56，20)
>
> 此公自無奮發激昂拔俗出群之志，予歸，深爲之大息。徐思方自悼不暇，安有工夫於他人邪。(71，25)

能將理論丟在一旁，著實就自己身上作工夫，於當時學弊，可謂大有功。也是刻苦作心地工夫的劉蕺山，就讚美康齋爲「醇乎醇」者；而顧涇凡更讚之曰：

> 先生樂道安貧，曠然自足，真如鳳凰翔於千仞之上，下視塵世，曾不足過而覽焉。

　　從康齋身上，可以看到朱子思想內容的失落。在康齋學中，幾乎看不到任何有關理氣的論述（一切玄遠之言），甚而性理亦然。在將全部的學力放在踐履上，康齋的焦點自然而然就落在實踐的主體之上，心也就成了康齋論學的主要題目。然而即使是論心，也看不到朱子對心的基本定義——具眾理（知覺）而應萬事

（主宰）──的影子。由此而論，「一稟宋人成說」若是指未超過宋人（尤其是朱子）理論範圍則可，若是指將宋人成說完整地承繼則非事實。朱子龐大的體系的即將衰退，由此可占。雖說後來仍有敬齋、整庵等後勁，終淹沒不了白沙、陽明從不同的方向對朱學進行修正仍至於改造。

康齋之學，雖不滿人意，然其重力行實踐，將整個理學重心收向裡來，對明代理學的發展確有重大影響。《四庫提要》云：

> 與弼之學，實能兼采朱陸之長，而刻苦自力。其及門弟子陳獻章得其靜觀涵養，遂開白沙之宗；胡居仁得其篤志力行，遂啟餘干之學。有明一代，兩派遞傳，皆自與弼倡之，其功未可以盡沒。

將理學發展粗分為朱陸，而以康齋為兼采，是館臣陋見。實則康齋學全遵朱子，有削減而無踰越。然至論康齋對白沙、敬齋的影響，則確為的評。

第四節　胡居仁

胡居仁，字叔心，饒之餘干人，學者稱為敬齋先生。

容肇祖《明代思想史》，對於敬齋與康齋的批評，有很大的差別。其評康齋曰：

> 吳與弼是朱學的信徒，他是極端拘守的，而且學問簡陋，除《四書》、《五經》、宋儒著作外，幾乎都不注意的。
> （頁19）

顯然容先生在其考證科學的時代，極不能欣賞康齋實踐苦行的意

義。其對敬齋的評語則云：

> 張伯行序《居業錄》，稱他爲明儒之最醇，就明代朱學說，
> 這話是很有理由的。（頁33）

這是非常正面的評價，似以爲明初朱學的正宗非敬齋莫屬。梨洲
於《明儒學案》評敬齋之學則約有以下數端：

一、先生一生得力於敬，故其持守可觀。以有主言靜中涵養，
　　即白沙所謂「靜中養出端倪，日用應酬，隨吾所欲，如
　　馬之御銜勒也」，宜其同門冥契。

二、辨釋氏，然不足以服釋氏之心。

三、言兵、言用人設官、行井田。皆非迂儒所言。

第一點言敬齋爲學宗旨，第三點言敬齋窮理實功。就梨洲所言，
固可見出敬齋之學要比康齋來得寬廣，較符合朱子博大精密的路
數。敬齋言敬，雖有承於康齋，然其較康齋對於敬有較多言語的
闡釋。至於辨釋氏，也非康齋治學的重點，然在敬齋的《居業錄》
中，則留存有不少的資料（敬齋亦辨老、莊，然對道、釋的評價
有異），後人將《居業錄》分類編輯時，亦特列老佛一項；而敬
齋辨釋氏，確有依從朱子意見以評釋氏的情形。就朱學而言，敬
齋在思想內涵上自然遠比康齋來得接近朱學。然而我們是否可以
「朱學」來指涉敬齋學問的取向恐還有商榷的餘地。

　　從敬齋所著《居業錄》而論，其最爲敬崇之理學人物實爲二
程朱子，然其意向所在顯然是在明道，而且在很多地方往往辨程、
朱之不同。❷故就知識認同的對象而言，與其說敬齋是朱學，不
如說敬齋是程學。如《居業錄》云：

> 明道先生本領純、察理精、涵養熟，故不動聲色天下之事

> 自治，涵育薰陶而天下之心自化。孔子以下第一人也。
>
> 孔子以下，才莫高於明道，才莫大於孟子。
>
> 孟子、程子落下手做得親切。
>
> 顏子、明道鄰於生知。

贊明道可謂至矣，甚且認爲明道要超顏、孟而上承孔子，故屢言：

> 孔門言仁，程門亦言仁。

。其辨程、朱學之不同，則云：

> 程子之學，是内裡本領極厚，漸次擴大以致其極。朱子之
> 學，是外面博求廣取，收入内裡，以充諸己。譬如人家，
> 程子是田地基業充實，自然生出財穀以致富。朱子是廣積
> 錢穀，置立田地家業以致富。用力雖異，其富則一也。但
> 朱子喫了辛苦，明道固容易，伊川亦不甚費力。
>
> <朱子行狀>，學問道理，本末精粗詳盡，吾每令初學讀
> 之。<明道行狀>，形容明道廣大詳密，然渾化純全，非
> 工夫積累久，地位高者，領會不得。吾每欲學者先讀<朱
> 子行狀>有規模格局，乃好讀<明道行狀>。
>
> 朱子體段大，相似孟子。但孟子氣英邁，朱子氣豪雄。孟
> 子工夫直捷，朱子工夫周遍。

敬齋更常提到明道<論十事劄子>和<請修學校尊師儒取士劄子
>，認爲明道周密詳備，有體有用。

　　然而若眞就《居業錄》之内容來分析敬齋學脈，倒也難以判
分其出於明道、伊川或朱子。雖然敬齋崇仰明道，然而卻看不出
在理論方面，他從明道那裡繼承了什麼。朱子集理學大成的地位，
原本就含納有二程的思想，而就朱子特別和二程顯得不同的理氣

論、心性結構、格物窮理等論題來看，敬齋都有所承於朱子；然這種承繼只是具體而微，看不出有如朱子般的周密細緻。相形之下，倒是伊川之學和敬齋顯得有特別的關連。❸

當然伊川之學和朱子之學有著密切的關聯。朱子在許多地方，將伊川肯認的命題，納入自己的思想系統，予以更廣深的闡明。那為什麼說伊川之學顯得和敬齋之學有特別的關連？最主要是論題的承接和論述的方式。

敬齋最注重的論題，大致還是不出「涵養須用敬，進學則在致知」的兩向開展。《胡文敬集》卷一云：

> 為學大端，不出存心窮理二事。故程子曰：「涵養須用敬，進學則在致知。」今人不去敬上做工夫，只去心上捉摸照看。及捉摸不住，索性要求虛靜，所以入於空虛。殊不知敬則心自存，不必照看捉摸；敬則自虛靜，不必去求虛靜。今人不去窮理致知，只在文義上錯過，又不於日用事物上推究，所以只見淺陋。窮理是推勘到十分盡處，致知是體究到十分明處。或讀書，或講論，或處事，皆要十分明盡，方是窮理致知工夫。只看窮字致字，便無所不用其極。

「存心、窮理」，雖於朱子之手得到理論上的拓展，但在敬齋篤實踐履的學行下，又回歸於伊川式的「點到為止」。只就踐履而言，伊川之學實已足為敬齋指出趨向，朱子周密的析理工夫只是予伊川的實踐之學一理論上的說明，然而就實踐本身所言實無所增減。這種現象又反映在敬齋理氣論的縮減。

理氣論可說伊川與朱子的一大區別。朱子實以其理氣論為基礎予其所承繼的北宋理學一綜合的吸納、消融與整理，而後完成

一價值存有宇宙論，再下貫至心性論，以完構其整個理論系統。所以朱子的理氣論就其整個體系而言，有著「不可或缺」的地位。這種嚴密的關聯性，卻在敬齋的理論中看不出。

敬齋關於理氣的論述不多，然而其語言的表述，不似在《語類》中那樣反覆模糊。他不再討論理氣所形成的宇宙的循環，對於一個重實踐的人來說，當下的世界應被視成是唯一的世界，因其他的世界不是我們的實踐所能涉足。《居業錄》云：

> 有理而後有氣。有是理必有是氣，有是氣必有是理，二之
> 則不是。然氣有盡而理無窮，理無窮則氣亦生生不息，故
> 天地之闔闢，萬物之始終，寒暑之消長，知道者默而識之。
> (2，233)

「有理而後有氣」一語斷定理先於氣❸；「有是理必有是氣，有是氣必有是理，二之則不是」則是當下世界的理氣不離，然而就如第一章所說，朱子此處實有一理氣先後關係的倒轉，敬齋不提；「氣有盡」言氣不輪迴，「理無窮則亦生生不息」，證明這世界的長存，不似朱子預設一「道德淪亡，世界滅盡」的想法，也避免了朱子的另一種形式的輪迴論。然而上面這種清楚簡單的理氣論，對於敬齋的「存心、窮理」顯然無多大的理論基底的作用。和朱子的理氣心性緊密扣連的情形大爲不同。

梨洲論其學則言「以有主言靜中涵養，尤爲學者津梁」，至於敬齋之窮理工夫，則放過不提。其實「有主」要放在「心」上講，而「靜中涵養」實是言敬，敬齋言敬要多過於言靜。梨洲這裡所言，實爲將敬齋和康齋、白沙扯上關係而作此稍有偏轉的論述。❸若將窮理放進去，則心、敬、窮理倒不失爲敬齋學的主要

論題。

　　陳榮捷言：

> 胡居仁亦非輕忽致知，但確實以之置于次要地位。至少以
> 敬爲先，與朱子之立場相反。…換言之，涵養在時間爲先，
> 含有致知，而非致知在先，含有涵養。

又引《居業錄》以爲證：

> 既謂『涵養須用敬，進學則在致知』，是未知之前，先須
> 存養此心，方能致知。又謂『識得此理，以誠敬存之』，
> 則致知之後，又須存養，方能不失。蓋致知之功有時，存
> 養之功不息。

其引證朱子的資料則是：

> 涵養是合下在先。古人從小以敬涵養，父兄漸漸教之讀書
> 識義理。今若説待涵養了，方去理會，致知也無期限。須
> 是兩下用工。也著涵養，也著致知。❸❸

朱子明言「涵養合下在先」與敬齋並無不同，陳先生則認其矛盾，
實有過分解釋資料之嫌。實則陳先生所引《語類》資料，語義上
不連貫。陳先生所錄是是葉味道（賀孫），此條底下尚注有輔漢
卿（廣）所錄更可見出朱子言此之本末：

> 或問「存養、致知先後」。曰：「程先生謂：『存養須是
> 敬；進學則在致知。』又曰：『未有致知而不在敬者。』
> 蓋古人才生下兒子，便有存養他底道理。父兄漸漸教化讀
> 書，識義理。今人先欠了此一段，故學者先須存養。然存
> 養便當去窮理。若説道『俟我存養得，卻去窮理』，則無
> 期矣。…」（404）

敬齋固較注重以敬存養此心而較略於窮理的理論問題，然此點絕
不在其涵養是否在致知之先而含有致知在內看出。於此問題上，
敬齋實無異於朱子。問題是在敬齋因對格物致知較乏理論上的剖
析，故將致知、格物、窮理不加分別，直接視之為一修養工夫之
方；而朱子在用這三個詞時，明顯地有時是將它們在名義上作清
楚地區分。

《語類》中，朱子論居敬窮理關係云：

> 主敬、窮理雖二端，其實一本。(150)

一本言心抑言理實難斷定，或許可將之視為含性理之心或心之性
理。故又云：

> 思索義理，涵養本原。(149)

而居敬、窮理雖是兩端，又有交相發之助：

> 持敬是窮理之本；窮得理明，又是養心之助。(150)

持敬是本，蓋心昏亂則無法進行窮理工夫[34]。到窮得理明，心之
義理明，自不易為外物內欲所蔽，居守較易。由此條也可看出「涵
養」義較寬，居敬義較窄。

又云：

> 涵養中自有窮理工夫，窮其所養之理；窮理中自有涵養工
> 夫，養其所窮之理，兩項都不相離。纔見成兩處，便不得。
> (149—50)

涵養的義涵自和窮理不同，而朱子此處似乎將之混談。然而朱子
的重點在於「纔見成兩處，便不得」，亦即他是著重在工夫的完
整來講。雖然朱子的工夫論似有多頭馬車之嫌（如致知、力行、
思索、講明、持守等等）[35]，然就種種的工夫而言，朱子自有其

一套貫通的說法。就此貫通所匯成的完整而言，每種各別的工夫都必須延伸出去與其他工夫發生關連。故此處朱子著重涵養、窮理的一貫自無不可。

就上所言，窮理似乎和涵養可以不言先後，只論兩者間的密切關係。然而若言致知與窮理，則朱子似乎又主張致知在前：

> 問「致知涵養先後」。曰：「須先致知而後涵養。」問：「伊川言：『未有致知而不在敬。』如何？」曰：「此是大綱說。要窮理，須是著意。不著意，如何會那會得分曉。」(152)

這裡朱子將涵養、敬、著意含渾而言。實則敬只是涵養之一義、著意又只是敬之一義。故朱子對於致知與涵養的先後，可以如是解決：

一、就格物致知為大學工夫而言，小學工夫實屬涵養。然而此時之涵養指的絕非是涵養義理，而是收攝心氣，使心的知覺能力能不受任何原因的干擾。然而小學工夫除了這種作用外，更重在從實際的「道德」踐履中去收攝心氣，這樣可以提供將來格物致知的對象與料。（格物須有客體，若無客體，則格物工夫無所對亦無所成。）

二、就大學工夫而言，涵養應重在涵養義理，而要涵養義理，必須先窮格物理、致得心知，才有義理可涵養。專就此＊來看，涵養實在格致之後。

三、就敬而言，心的靜守動察皆須敬然後能為之，故敬作為一種心地工夫，不間動靜、貫徹終始。

涵養之於致知，因其義涵不同，而可說前說後。朱子表述雖然有

點混雜，然其意思仍可見出。

　　敬齋對於涵養與致知的先後、含攝問題，皆可於朱子思想中找到依據，如陳先生說敬齋立場與朱子相反恐有可議。至於敬齋對於朱子思想偏重的轉向，則可以成立。

　　就涵養、格物致知而言，在朱子思想中，常將這兩項工夫的主體在敘述時「遮掩」起來。不管涵養的形態為何（這牽涉到心的自有動靜、已發未發等問題，此處不論），涵養的主體是心毫無疑問。至於格致（含窮理）亦然，只是若要將格致放在《大學》裡講，則朱子勢必要對心、意、知與心的關係做更細密的分疏，否則將陷於一心而有多樣工夫的問題。在敬齋輕忽理論建構的治學態度下，這些細膩的名義問題被略而不談。而延承康齋篤行學風的敬齋，也將工夫放在實踐主體——心——之上，但卻將康齋治心氣的消極工夫轉為積極的居敬、窮理。

　　不論是窮理或是持敬相對於心的知覺、主宰，皆可視為是心的正面作用。程子云「敬勝百邪」，似乎敬即克治心氣的方法。然而敬義較寬，在《居業錄》中，敬齋曾集宋儒對敬的種種說法。在這種種說法當中，梨洲特別以「有主言靜中涵養」言敬齋之敬實有見地。「有主」云者，偏重在心自我主宰的作用。這種偏重實打破了朱子原來格致理論中對於心的兩種作用的安排。

　　在上引敬齋對於明道、與朱子之異中，可以見出敬齋認為為學可以有兩途。一是明道由內而外，先使「內裡本領極厚」，再「廓大以致其極」；另一則是朱子由外而內，先「外面博求廣取」，再「收入內裡」。既然敬齋較為崇仰明道，故其雖堅持「窮理」不可廢，但卻主張要先主敬以立大本。《居業錄》云：

人莊敬體即立，大本即在。不然，則昏亂無本。(4，420)

大本立則達道自行。故程子曰：「己立後，自能了當得萬

事。」(3，336)

「大本立則達道自行」，即其贊美明道由內向外的模式。所謂的

大本即是敬，達道即是窮理。故云：

存養即所以立本，窮理即所以達道。(1，112)

人須要恭敬，恭敬則惰慢邪僻之心不生，德性常得其養，

而天下大本在我。由是以窮理修身，以馴致篤恭而天下平。

(3，336)

敬齋有時也用德和才、一與貫來表示大本和達道成對的關係：

窮理後便有才，誠意後便有德。(3，325)

而德才關係也有類於居敬與窮理的關係：

有德者易爲才，有才者易爲德。此才德相資處。(2，157)

甚至才德在某一程度上是統合的：

才之善者即是德，德之備者必有才。(3，700)

論一貫則云：

曾子一貫工夫皆有。…蓋人之一心萬理咸備，體也；隨事

而應，無不周遍，用也。曾子平日戰兢，臨履忠信篤實，

則其心之本體已立；隨事精察，無不詳盡，則心之大用已

周，所謂一貫者，固在其中矣。(1，102— 3)

曾子當初做工夫全備，一底工夫也到，貫底工夫也到。…

一是大本，曾子平日戰戰兢，盡其忠誠，便是立大本處；

貫是達道，隨事窮理。(4， 438—9)

朱子論一貫，言一爲繩、貫爲散錢，若無散錢空有一繩也無用。

㊱蓋朱子言一貫，是將道理串在一起貫通爲一。然而若無道理，則一貫也是空言。而道理雖本具於心，卻須經由格物致知才能在心中具顯，故言一貫則必先言窮理格物。敬齋卻打破朱子這種論證的關係，認爲「大本立則達道自行」。而在上引兩段文中，也是一、貫分言。雖其也論證大本、達道（如上言德、才）互發，然既以體、用講大本、達道，實有《論語》「本立而道生」的意思。㊲在評明道時，顯然以內外來寓寄這種意思，□內而外既然較爲簡易，應是學問坦途。㊳

然而爲什麼敬齋在講「一本萬殊」的問題時，敬齋又汲汲以爲「欲直探一本，未有不入異端者」？《居業錄》云：

> 一本而萬殊，萬殊而一本。學者須從萬殊上一一窮究，然後會於一本。若不於萬殊上體察，而欲直探一本，未有不入異端者。(3，249)

敬齋此處意見，依然是朱子「若只說大本，便是釋老」的格物立場。然而，上文立本之說又怎麼解釋？《居業錄》有一條資料，恰好把這兩種工夫作了一種安排：

> 聖人由一而達於貫，學者由貫以知一。(4，1052)

敬齋意向所在，在於由一達貫，言學時則重在由窮理知一。這兩種工夫分屬聖人、學者，似爲一修養進程的差別；然若根據敬齋對前賢材質的評論，這種差別又似是天賦的。如敬齋論朱子云：

> 朱子直是勇，窮理便直是窮到底，作事直做徹底。(3，263)

配合上敬齋言朱子喫了辛苦來看。敬齋似認爲朱子有將窮理、涵養的方向規定過嚴之嫌。故他保持了兩種工夫論（由一到貫與由貫到一），而以聖、學作爲判分；其中雖有優劣，但兩者同爲正

面的工夫，故他又以達致的境地相同來同時肯認兩種工夫。然而重要的是這兩種工夫所包含的一與貫兩者缺一不可。所以就算是大本已立的明道也須再入於細地做窮理功夫。敬齋批評白沙「亦窺見些道理本原，因下面無循序工夫，故遂成空見」，正因白沙不能以窮理來充實其所窺見的大本。

敬齋對朱子窮理的工夫，理論的發揮雖少，但由其格物實功而言，卻不可謂對窮理的認識不深。❸❾如云：

> 理在物上，故須格物方窮得。釋氏遺物，是懸空求理，故只見差去。(4，430)

也是說窮理必須格物。又如：

> 人苟能省察，使事事合理，則學大進矣。此即是集義。(3，316)

將省察、使事合理、集義去發揮窮理，也符合朱子說法。而其以「才」解釋窮理的目的，更將朱子未曾明確說出的窮理目的、窮理與力行的關係一字道破。《語類》云：

> 氣是敢做底，才是能做底。(98)

「才」才是道德行為完成的保證。

然而敬齋因更偏賞明道的立木本以達道，故常將朱子心、理的宇宙論之含具關係，解成直接相關，而輕忽窮理在「由潛隱的含具到踐履的合具」所佔的重要地位。《居業錄》云：

> 理與氣不相離，心與理不二。心存則氣清，氣清則理益明。
> 理明氣清則心益泰然矣。故心與氣須養、理須窮、不可偏廢。(2，123)

雖說「理須窮」，然在描述朱子理氣心理（性）結構時，顯然將

理明直接聯繫到「氣清」上。又如：

> 「涵養本原」與「窮索義理」實交相涉入。蓋人心只有許
> 多義理，更無別物，涵養既至，則天理自明；窮理既精，
> 本心愈安也。(1，88)

「涵養既至，則天理自明」對朱子來說是絕不能成立的。敬齋又
云：

> 存養久則理自明。蓋心無雜擾而本然之善自著。(3,247)

這也非朱子所能肯認。然朱子的格物致知論，實有一本體宇宙論
的背景。敬齋雖言理氣，但殊少宇宙論的興趣。故在無理氣所構
成的人性、物理為同源的前提之下，朱子將「致知」解成「推極
吾之知識」，極易令人誤會只是心將其已知之理的自我擴充。敬
齋此言，雖有朱學脈絡可尋，然實已改變朱學面貌。然而這種面
貌的改變，只是將心、理的關係拉近，並未將之混為一談。即使
是不相契合的同門——陳白沙——雖已放棄格致理論，也未能突
破心、理是二的思索。然二人比起朱子皆更加注重實踐主體的心
概念，致使梨洲將兩人的思想牽扯為一。實則兩人有同有異，然
就整體理論而觀，異固重於同。

第五節　陳獻章

陳獻章字公甫，新會之白沙里人。廿七歲如江西臨川從康齋
學，半年無所得而返白沙。歸白沙後，閉門讀書，益窮古今載藉，
旁及佛老經典，甚至稗官野史，無所不窺。有時徹夜不眠，倦則
以水沃足。然雖苦讀博覽，卻無實益。然後築陽春台，日靜坐其

中，雖家人罕見其面，以期徹悟自得。十年後，自得之學有成。
❹其求道過程之曲折，雖不如陽明般經歷過許多客觀上的艱險；
但他一再陷於主動求知的困頓，無師友、古人之助，最後終於不
再求道於外，自得欛柄入手。以下即先述其自得之學，再論及白
沙學術的其他面向。

白沙〈復張東白〉云：

> 斯理也，宋儒言之備矣，吾嘗惡其太嚴也，但著於見聞者
> 不賭其眞，而徒與我嘵嘵也。是故道也者，自我得之、自
> 我言之，可也。不然辭愈多而道愈窒，徒以亂人也。君子
> 奚取焉！

此處「自得」可解作「自我得之」，與《孟子》「欲其自得之」
的「自得」義同，亦即象山「因讀《孟子》而自得之」的「自得」
就此而論，白沙顯遠承象山，說出其在求學時那種擺落外在權威，
而從自己身上求得學問自信的那種獨得的過程。這種自信，表現
在白沙對典籍的不信任（見下文）和其對學聖之學的體會：

> 人要學聖賢，畢竟要去學他。若道只是箇希慕之心，卻恐
> 末梢未易湊泊，卒至廢弛。若道不希慕聖賢，我還肯如此
> 學否？思量到此，見得個不容已處，雖使古無聖賢爲之依
> 歸，我亦住不得，如此方是自得之學。（〈與賀克恭〉）

可見自得之學的重點絕非如戴山所言是「在靜坐中以自然得之」。
❹而是對於自我的一種眞切體認，這種體認不在於與別的事物作
印證上（雖使古無聖賢爲之依歸），反而是剝落這種欲從外物得
到印證（不希慕聖賢）的心理之後的一種對於自立自奮的迫切之
感（見得個不容已處，我亦住不得）的自信。這種不依附於外物

的體認，自然也非外物所能動搖、改變：

> 忘我而我大，不求勝物而物莫能撓。孟子云：「我善養吾
> 浩然之氣。」山林朝市一也，死生常變一也，富貴貧賤威
> 武一也，而無以動其心，是曰「自得」。自得者，不累於
> 外物，不累於耳目，不累於造次顛沛，鳶飛魚躍，其機在
> 我。知此者謂之善學，不知此者雖學無益也。

聖賢之所以爲聖賢，非以其學聖賢也，仍在其珍重自我之心，即
使無往聖前賢爲其範型，亦不願就此放下，而能自奮自立，雖無
文王猶興。若無這分自信自重之心，則學習的動源只是在於一希
慕之心，這種動源極可能在學習聖賢的末梢時，因爲陷於繁瑣就
消退了。

　　白沙的這種想法否認了個體完成自我時需與外界發生任何關
係——不管是朱子的格物窮理、還是康齋的以讀書收攝心氣。主
體之作爲一種個體的意義與價值，因此也特別受到強調：

> 宇宙內更有何事？天自信天，地自信地，吾自信吾。自動
> 自靜，自闔自闢，自舒自卷，甲不問乙供，乙不待甲賜。
> 牛自爲牛，馬自爲馬。感於此，應於彼，發乎邇，見乎遠。
> 故得之者天地與順，日月與明，鬼神與福，萬民與誠，百
> 世與名，而無一物奸於其間。嗚呼！大哉。

「自我得之」的意義在這種自信下也可解作「得之自我」，亦即
個體的完成實不在外而在己。白沙云：

> 學者不但求之書，而求之吾心，察於動靜有無之機，致養
> 其在我者，而勿以聞見亂之。去耳目支離之用，全虛圓不
> 測之神，一開卷盡得之矣。非得之書也。得自我者也。

（〈道學傳序〉）

這種重自得和自信的態度，與象山非常相近。

就和象山自外於理學傳統一般（不教弟子讀先儒語錄，卻自承續孔、孟之統），白沙對其先的儒者也是一樣：他以濂溪「銖軒冕而塵金玉爲不足」，評明道則謂「安事推乎」。㊷雖然他對理學傳承不如象山激越，然而那分不信古人只信己的態度則不輸象山。這種相似還表現在兩人對心、理關係的看法。

象山雖主張「心即理」，然此「即」並不表示心與理就是同一個東西的不同稱呼。比起「心即理」來，象山更常說明理與宇宙的關係（如象山常言「此理在宇宙間·」）。雖然象山也將心與宇宙關聯在一起而言「吾心即宇宙，宇宙即吾心」，然而此「即」就是「心即理」的「即」，並不表示心、理是同一事物的不同稱呼。白沙雖比康齋、敬齋將心與理的關係拉得更近，然而心與理二的關係也還是顯明的，只是有時他太過強調心的妙用而使此關係顯得較爲模糊。

象山和朱子對於心、理構設最大的不同在於象山並未去解明心、理關係，亦即象山並未說明心如何（後天的工夫）與理發生關聯，而只是以先天的結構去表明這種關係，認爲心與理既是同一的關係，心自然與理有先天的關聯，心自然可以發而爲惻隱、爲羞惡、爲辭讓、爲是非。心不再需經過如朱子所強調的格物窮理的工夫才能使心與理一。這種論點，使象山特別強調立大本的工夫（相對於朱子的表裡精粗無不到、全體大用無不明），而所謂的大本即是心。

白沙講明心與理的關係時，雖較接近象山，但他並沒直接認

同於「心即理」的命題。不似象山的早年開悟❹，白沙的求學歷
程有過一段曲折。在廿七歲時，受學於康齋。康齋的影響，約有
兩方面。一方面是康齋的人格使白沙對於人的生活有所啓悟：

> 年幾三十，始盡棄舉子業，從吳聘君遊，然後歎迷途之未
> 遠，覺今是而昨非，取向所汨沒而支離者，洗之以長風，
> 蕩之以大波，惴惴焉惟恐其苗之復長也。（＜龍岡書院記＞）

以「長風、大波」來形容康齋對他的影響，可知其程度之深劇。
然而這種影響的功用仍在於「洗蕩」，是一種剝除而非增添的影
響。又云：

> 予年二十七，遊小陂，聞其論學，多舉古人成法，由濂洛
> 關閩以上達洙泗，尊師道，勇擔荷，不屈不撓，如立千仞
> 之壁，蓋一代之人豪也。（＜書玉枕山詩話後＞）

以「一代之人豪」稱譽康齋，顯然對康齋極爲推崇。然而白沙對
於康齋「舉古人成法」的論學方式，顯無所得，這也是康齋給予
白沙的第二種影響——予其「盡棄舉子業」的求學熱誠一理智上
的困頓與感情上的考驗。於＜復趙提學僉憲＞第一書時，白沙道
出這段求學受挫的過程及其如何突破的情況：

> 僕才不逮人，年二十七，始發憤從吳聘君學，其於古聖賢
> 垂訓之書，蓋無所不講，然未知入處。比歸白沙，杜門不
> 出，專求所以用力之方。既無師友指引，惟日靠書冊尋之，
> 忘寢忘食，如是者累年而卒未得焉。所謂未得，謂吾此心
> 與此理未有湊泊吻合處也。於是捨彼之繁，求吾之約，惟
> 在靜坐。久之，然後見吾此心之體隱然呈靈，常若有物，
> 日用間種種應酬，隨吾所欲，如馬之御銜勒也。體認物理，

稽諸聖訓，各有頭緒來歷，如水之有源委也。於是渙然自
信，曰：「作聖之功，其在茲乎！」

不管是從師講學還是窮究書上道理，白沙解不開自己學習上的疑
惑——此心與此理未能湊泊。這困境逼得他不得不找出自己獨特
的方式——靜坐——來完成自己學聖的熱望。

　　白沙的問題決定了白沙所得到的答案——體認物理、稽諸聖
訓，各有頭緒來歷，如水之有源委。白沙的答案描述了心與理湊
泊之時的情形，而這種情形顯然是將心、理分爲兩箇事物。如果
將朱子「性即理」的說法套在此處，則白沙眞算是「明心見性」
——先明了己心，就見到了外在呈顯的理。然白沙的重點乃在見
心之體，而後應酬隨吾所欲，體認物理云云，仍應酬中之一種罷
了。在＜與林郡博＞第六書中，白沙云：

　　終日乾乾，只是收拾此（理）而已。此理干涉至大，無内
　　外，無終始。無一處不到，無一息不運。會此，則天地我
　　立、萬化我出，而宇宙在我矣。得此欛柄入手，更有何事？
　　往古來今，四方上下，都一齊穿紐，一齊收拾，隨時隨處
　　無不是這個充塞。色色信他本來，何用爾腳勞手攘？…自
　　茲已往，更有分殊處，合要理會，毫分縷析，義理儘無窮，
　　工夫儘無窮。

對照此段文字和上所引一段文字，可以見出「體認物理，稽諸聖訓」
都是理會分殊處，而非「會此」、「收拾此」的「此」。「此」就
是「此理」。「此理」和「分殊」的對比，自然會讓我們聯想到
「理一分殊」。對朱子來說，理一是需要經由逐物窮格的積累才
能達至的。白沙卻倒過來作工夫，先會於理一，再求分殊。但是

白沙雖在聯結心與理一之理時省卻了窮格工夫，但卻未將心、理
（性）打成一片。既然「收拾」、「會」都是一物對另一物的動
作形容，則心、理爲二可見，故又曰：

> 文章、功業、氣節，果皆自吾涵養中來，三者皆實學也。
> …學者能辨乎此，使心常在內，到見理明後，自然成就得
> 大。（＜書漫筆後＞）
> 君子一心，萬理完具。（＜論鉄視軒冕塵視金玉＞）

第一段文字既言「見理明」，則心與理似乎仍爲二。第二段更顯
出白沙的朱學根底，似乎白沙仍在「心具衆理」的範圍內求得突
破。而此突破，則在其心與理一（吾此心與此理湊泊吻合）的方
法不在格物窮理後的豁然貫通，而在於「收拾」、「會」。格物
窮理是一工夫問題，「收拾此」、「會此」的工夫又是如何？其
本身就是工夫，還是工夫的成效？要解決這問題就要從白沙「靜
中養出端倪」的工夫著手。

＜與賀克恭＞言：

> 爲學須從靜坐中養出個端倪來，方有商量處。

（＜白沙學案＞）

端倪云者，戢山認爲「不離精魂者近是」；陳榮捷則認爲「端者
始也，以時間言。倪者畔也，以空間言。端倪實指整個宇宙，即
謂靜中可以養出生生活潑的宇宙之意」。❹端、倪同義，對照白
沙自己的前後想法，端倪應該指的是隱然呈露之心體，而心體即
白沙所說之大本。雖白沙未將心、理打併歸一，然其從靜坐中見
體之後，就「自然」能拾收此理、會得此理。靜坐即是在勿忘勿
助之間求得心虛的工夫，故白沙又有「致虛以立其本」的說法：

> 夫動，已形者也，形斯實矣；其未形者，虛而已。虛其本
> 也，致虛之所以立本也，戒愼恐懼所以閑之，而非以爲害
> 也。（＜復張東白＞）

靜坐即是爲了致虛，心體即是本、即是端倪。爲什麼致虛可以立本？因爲心的本始狀況就是虛。致虛既然是返本的工夫，其實也就是一種剝落的工夫，這和象山重在剝落工夫又有相似之處。❹

　　立本見體的工夫，在過程上來說不是對理的直接掌握。然而從白沙的敘述中可以知道，就在立本見體之時，此理已經爲我所收拾、爲我所體會。並且透過此理與宇宙的關係，與此理湊泊吻合的心也擴展浸透入整個宇宙。在這裡，白沙和象山有所差異。象山從「心即理」出發，心和理的同一，使得依此理而行的宇宙也和心有著同一關係，可以說此宇宙的流行是道，也可說此心的發用是道。心和宇宙是一種互證相映的關係。然而白沙透過此至大之理與宇宙發生關係時，卻是經收斂再發散的過程。在這過程中，收斂是起始，因此收斂也決定著發散的存在與否。❻人（或說是心）與宇宙的關係不再是平行的（如象山「宇宙爲我心，我心爲宇宙」即是一平行關係），卻因爲人的工夫決定著這種關係，宇宙的流行變化也只在我如是作工夫時才對我如是呈現，然而這是客觀的描述。從主觀來講，在我致虛立本時，這宇宙才開始開展，才開始生生不息，故白沙言：

> 天地我立，萬化我出，而宇宙在我。（＜與林郡博＞）
> 人爭一個覺，纔覺便我大而物小，物盡而我無盡。夫無盡
> 者，微塵六合，瞬息千古。（＜與何時矩＞）

覺即致虛立本後主體所發生的變化，這種變化可以白沙的求學歷

程作一最好的具體說明——從茫然不知入處到渙然自信。

　　從致虛立本到宇宙在我的過程，白沙以「自然」二字形容。
這裡的「自然」是一過往的工夫歷程的描述，而非一對將來目的
的預指。所以不存在「纔欲自然，便不自然」的問題❹。然而，
當白沙將自己的過往經歷提出來作爲教法時，「自然」作爲一種
過程描述，卻有可能被慢慢具實化而成爲一種內容描述，這時就
難免蕺山之譏了。

　　蕺山云：

> 先生學宗自然，而要歸於自得。自得故資深逢源，與鳶魚
> 同一活潑，而還以握造化之樞機，可謂獨開門戶，超然不
> 凡。至問所謂「得」，則曰「靜中養出端倪」。向求之典
> 冊，累年無所得，而一朝以靜坐得之，似與古人之言自得
> 異。孟子曰：「君子深造之以道，欲其自得之也」，不聞
> 其以自然得也。靜坐一機，無乃淺嘗而捷取之乎！自然而
> 得者，「不思而得，不勉而中，從容中道，聖人也」，不
> 聞其以靜坐得也。先生蓋亦得其所得而已矣。道本自然，
> 人不可以智力與，纔欲自然，便不自然，故曰「會得的活
> 潑潑地，不會得的只是弄精魂」。靜中養出端倪，不知果
> 是何物？端倪云者，心可得而擬，口不可得而言，畢竟不
> 離精魂者近是。今考先生證學諸語，大都說一段自然工夫，
> 高妙處不容湊泊，終是精魂作弄處。蓋先生識趣近濂溪而
> 窮理不逮，學術類康節而受用太早，質之聖門，難免欲速
> 見小之病者也。似禪非禪，不必論矣。（〈師說〉）

蕺山此處聯結自然、自得二語以偏解白沙之學，失卻了白沙「自

得」之學的豐富義涵。而靜中養出之端倪實即蕺山所著重的「愼獨」之獨；然蕺山似認爲白沙因「激於聲名」，故太入高妙而有放浪之嫌，與其自己在《人譜類記》中所示的嚴毅刻苦工夫絕不類似，而有譏於白沙的見體之學。但蕺山評白沙「終是精魂作弄處」，卻提供我們以另一角度來檢視白沙之學。

　　觀白沙一生一直困於病，就如康齋困於貧一般。這使得白沙的實踐場境也如康齋一樣，一直拓展不開。當白沙說「此理干涉至大」等語時，就儒學的道德立場而言，當然是期望白沙會得此理之後，能對此理所干涉的宇宙有所安排。然而在白沙由靜坐中會見此理後，他卻只能「說一段自然工夫，高妙處不容湊泊」，而無法就實地由其所會之理反回日常道德實踐中❹，所以敬齋才會批評白沙「遂成空見」。這種落入空頭之理的現象，又和白沙言靜坐有關。

　　白沙的靜坐，和「虛」的觀念不能相離。就確立主體而言，靜坐這種特殊方法暫時斬絕主體與外物的關聯，使主體陷入於一種完全面對自己的境況，此時心體以其「本然面貌」出現。就朱子而言，此本然狀況即是心體可以自發地推極已知之理，來明未知之理；就象山而言，此本然狀況是在與宇宙的對勘下，使得此心與宇宙同其大，在自信自立後，並不就此放下，而是確立宇宙與「我」的關係，當下作一道德性的承擔──宇宙內事即我分內事，直接接入事中去求得實踐。然而白沙心體承露之後，因失去主客對立的情況，卻無擔當，故顯得在見體與實踐之間有空脫之處。❹若再與陽明相較，則陽明良知之悟得於九死一生之中，固未嘗脫離事境去求見心體。故即在龍場之悟後，他以一心收攝事、

理，將致良知解為「致吾心之良知於事事物物」，是亦見體之後全無如何轉接入實際踐履的問題。故象山、陽明的儒者意態終究是非常強烈，不似白沙道家氣味頗濃。

由康齋到敬齋、白沙，可謂學分兩派，然在康齋重涵養而輕窮理的學風下，實踐主體的自我修持受到特別的強調。敬齋、白沙可謂從兩個方向更進一步將程、朱學的「涵養須用敬，進學則在致知」的學程規模打破，以不同的方式將兩路打併歸一。在這兩種不同的方式中，敬齋以敬為主卻沒有完全放棄窮理，然而卻淡化了窮理格致的理論，而重在格致窮理的實地工夫；白沙則將格物窮理所面對的分殊之理，先擺在一邊，先求「靜坐中養出端倪」、「致虛以立其本」，在立心體大本時，同時會得理一之理，由此直接透入宇宙生化妙機，享其自得、自然之樂。雖然其最後仍然挽合窮致分殊之理的話語，然不免有落空之嫌——既然已會得干涉至大之理，何須再窮致分殊之理。梨洲此處以「日用、常行、分殊功用」來講明分殊之理實有其見地。蓋對白沙而言，見體立本則用自行，不必再講窮理。故白沙靜坐見體後，即「日用應酬，隨吾所欲」，「體認物理，稽諸聖訓」只是印證此理，而不是要從中去建立此理。此可從白沙對於「讀書」的態度得到證明。

從白沙許多論點，可見其有所受於象山。雖然在他論述中，他大都以朱子與周張二程並稱，然他卻自承不是「能為考亭之學者」（＜送李劉二生還江右序＞）；而在＜書蓮塘書屋冊後＞，白沙更云：

　　問者曰：「聖可學歟？」曰：「可。」「孰為要？」曰：

「一爲要。一者無欲也。」「《遺書》云：『不專一則不
能直遂，不翕聚則不能發散』、『見靜坐而歎其善學』。」
曰：「『性靜者可以爲學』，二程之得於周子也；朱子不
言，有象山也。

　　然而白沙直接悟入生生化化之理而不復出，一生尋求自然之眞樂，
這使得他比象山多一分灑脫，因而也更近於莊老、似於堯夫。在
他的詩文中，不避言道、釋：欲歸隱山林、遊於澤畔的心情類於
道，而過求無累之心則似於佛（＜與太虛＞）。象山則「吾心即
宇宙，宇宙即吾心」，未將兩者併合爲一，而由此推出「宇宙內
事即吾分內事」；不將「心即理」作任何的義理解析，而將實踐
工夫直落實在「事」上。❺⓿

　　由此亦可知康齋對白沙的影響，絕非是梨洲所說「自敘所得，
不關聘君」。白沙的生活趨向比敬齋要接近康齋。其將宇宙收入
吾心的自然之樂，比康齋的以物觀物的當境樂要更進一步顯出主
體的活潑性，然而亦未嘗不是因著康齋影響而有以入於此機。

注　釋

❶　《明史》卷二八二，頁7222。

❷　這之中，要分清楚的是他們對「出仕」本身就抱持否定的態度；還是因為考慮當時的政治現實而作的選擇。

❸　關於＜師說＞作者的問題，請參考陳榮捷＜論明儒學案之師說＞，收於氏著《王陽明與禪》。

❹　曹端，《曹月川集》。

❺　見錢穆，＜明初朱子學流衍考＞，頁28－30。收於其所著《中國學術思想史論叢·七》）。

❻　《曹月川集》＜辨戾序＞頁27a－b。

❼　亦即一理如何展現為殊多的存在。朱子的理靜說，顯然可以簡單地回答這問題，亦即殊多的存在是氣的問題，而非理的問題；理只和氣的聚散有關，至於氣如何聚散、聚散成什麼樣的狀態則是氣的問題。如果理和氣有直接的關聯，亦即理須直接涉入而決定氣如何呈現時，則理必須能直接說明氣所展現的殊多。即使宇宙論上的「理一分殊」能夠解決，但在倫理學上的。即使宇宙論上的「理一分殊」能夠解決，但在倫理學上的「善惡同源」的問題甚至更難解決。王學中的「四句教」爭辯就遭遇到這問題。

❽　朱子的注文是繫於「是故易有太極…四象生八卦」之下，見朱子《周易本義》，頁321－2。

❾　敬軒極為注重「性」的觀念，所言「性為太極」似受月川影響。

❿　本文所用《明儒學案》版本為台北華世出版社印行。後所注之阿拉伯數字為頁數，下文同。

⓫　《曹月川集》＜存疑錄＞頁21b。

⓬　《曹月川集》頁31b。

⓭　《曹月川集》頁33b。

⓮　朱子即曾用這從佛家來的比喻。《語類》云：

釋氏云：「一月普現一切水；一切水月一月攝。」這是那釋氏也窺見得這些道理。濂溪《通書》只是說這一事。(399)

⑮　錢穆即認爲曹端是透過朱子上窮濂溪、康節、橫渠。參見錢穆，＜明初朱子學流衍考＞頁19。

⑯　＜語錄＞中有論風產生的原因，亦可爲格物以求究客觀物理之一證。（頁13下—14下）。

⑰　月川這種以經解經的方式，在《語錄》中另外還有一條：
所謂己，舜所謂人心也；所謂禮，舜所謂道心也；所謂克、復，舜所謂精、一也；所謂爲仁，舜所謂執中也。千聖相傳，蓋不出乎此矣。(15b)

⑱　＜錄粹＞頁17b。

⑲　皆見全集＜錄粹＞，頁17a－b。

⑳　轉引自容肇祖，《明代思想史》，台北，開明書局，頁18。

㉑　見錢穆上引文，頁28。

㉒　康齋觀天地景物、心適而樂的境況似與此相似。然康齋似僅止於景物現象的呈顯；而月川、敬軒兩人似更著意於此萬物中理與太極（最終存有）的關係，經此再論述人作爲這種理一分殊的參與者，能由分殊回歸理一的體悟之樂。白沙則以心悟入此理，在以此理籠照宇宙，故言「才覺則我大而物小，物有盡而我無盡」、「一片虛靈萬象存」，其型態與上所說三人皆有異。

㉓　錢穆上引文，頁25－6。

㉔　如敬軒門人閻禹錫即名其集爲《自信集》。而敬軒這裡所說的自信，固和朱子窮理格物的謹愼態度有異，反而較近於象山。

㉕　康齋生平參見《明儒學案》卷一＜崇仁學案·一＞、《明史》＜儒林傳·一＞。本文所用《日錄》版本爲和刻近世漢籍叢刊本。

㉖　《宋元學案》＜百源學案＞述康節生活云：
居蘇門山百源之上，布裘蔬食，躬爨養父之餘，刻苦自勵有年。…始至洛，蓬篳甕牖，不蔽風雨，而怡然有以自樂，人莫能窺也。
康節有詩集《伊川擊壤集》。

㉗ 古清美師言:

　　（康齋）這番與天地生意一體、胸次悠悠然的境界頗似程明道,然康
　　齋並無有關「識仁」、「渾然同體」、「內外兩忘」的理論。

　　正說明明道對康齋的影響並不及於任何直接的理學理論。

㉘ 陳榮捷,《傳習錄詳注集評》,頁398。

㉙ 參見錢穆上引文,頁17-8。又本文所用《居業錄》版本亦爲和刻近
　　世漢籍業刊。

㉚ 參見呂妙芬《胡敬齋與陳白沙思想研究》,頁135-7,台灣大學中研
　　所碩士論文,1989年。

㉛ 《明儒學案》卷二〈崇仁學案二〉引《居業錄》云:

　　「有此理則有此氣,氣乃理之所爲。」是反説了。有此氣則有此理,
　　理乃氣之所爲。（頁35）

　　「有此理則有此氣,氣乃理之所爲」爲敬齋語,與文中所引理氣論相
　　合,而且此語於《居業錄》不只一見（如卷一,頁80-1）。下文「是
　　反説了」,應是誤入正文的批語。

㉜ 寧言靜而避言敬,就梨洲言,也可以說他的王學身分有以使然。《傳
　　習錄》卷上云:

　　（陽明）曰:「…且道如何是敬?」曰:「只是主一。」「如何是主
　　一?」曰:「如讀書,便一心在讀書上。接事,便一心在接事上。」
　　曰:「如此則飲酒便一心在飲酒上,好色便一心在好色上。卻是逐物。成
　　甚居敬功夫?」曰孚請問。曰:「一者、天理。主一是一心在天理上。…
　　一心皆在天理上用功,所以居敬亦即是窮理。就窮理專一處説,便謂
　　之居敬;就居敬精密處説,便謂之窮理。…」

　　這裡陽明將窮理、居敬打併歸一,故意偏解伊川意。下條則直言宋儒
　　言敬之不是:

　　如新本先去窮格事物之理,即茫茫蕩蕩,都無著落處。須用添箇敬字,方
　　才牽挱得向身心上來,然終是沒根源。

㉝ 見陳榮捷〈早期明代之程朱學派〉,頁340,收於氏著《朱學論集》。

㉞ 《語類》陳淳錄:

窮理以虛心靜慮爲本。(155)

又云：

虛心觀理。(155)

朱子此處所云，似乎是心在虛靜的狀態方能窮理，然《語類》又云：

或問：「而今看道理不出，只是心不虛靜否？」曰：「也是不曾去看。會看底，就看處自虛靜，這箇互相發。」(155)

如要以理論解析去闡明朱子所說的「互相發」，似乎不太容易。然而若再回到格物致知的實踐性格，或可說這是一種經驗實然。

㉟　參見陳來《朱熹哲學研究》，頁241。

㊱　參見《語類》卷二七。

㊲　參見呂妙芬，頁137-9。

㊳　同㉙。

㊴　古師清美在＜朱子理學在明代前中期的變化與發展＞一文云：

敬齋講格物，亦曰由性情、人倫、日用，進而天地、山川、禽獸、草木、禮樂、鬼神、日明、寒暑、古今之風氣盛衰、或家之治亂興亡、民之安危、兵之勝敗當無不窮究。

由此可見敬齋格物範圍非常的廣闊，但較之朱子，其較注重實用，直接將格物當作一項工夫去實踐，較少對格致說作理論剖析。

㊵　以上所述仍本陳郁夫《明陳白沙先生獻章年譜》。

㊶　戢山的批評見於《明儒學案》＜師說＞。

㊷　就此點而言，「道統」之說出自朱子而非出於象山，良有以也。蓋重自得，則前人學說只能用來印證自己之所得，所以在「求之於心而非也，雖其言之出於孔子，不敢以爲是」（陽明語）的情形下，道之「統」實無由立。故象山、白沙、陽明三人之學雖有所類似，然所類似者在於對主體的自信、自立上，而於理論細處仍有不同。而且此類似，非相互學習傳授而來。固然白沙能欣賞象山、陽明能欣賞象山，然都只是重在自己之所得而言，故又皆可以尋出對方學問之缺失。朱子則窮理於外，無論如何，已肯定外在之理的存在。而且在眾多的外在之理中，聖人之言因是聖人格物之所得，和學者之經驗最爲貼切，故佔有

獨特的地位，所謂學即將此心去窮格這些已經先存的理，若自己的心還不能肯認聖人之所言，必是此心之見有所不明，而非聖人之言有所缺失。在這種重視外在客觀準據的情形下，「道統」的確立也就非常地順理成章。

㊸ 見牟宗三《從陸象山到劉蕺山》，頁26-7。

㊹ 蕺山説法見於〈師説〉。陳説見其所著〈白沙之動的哲學與創作〉，收於《王陽明與禪》，頁71。

㊺ 《象山全集》卷卅四：
今之論學者只務添人底，自家只是減他底，此所以不同。
就象山言，所謂減他底，即是要減盡枝葉，直見本根。和白沙自得之經歷相似。

㊻ 故湛甘泉云：
先生（白沙）之意，總見先靜而後動，須以靜為主。

㊼ 此亦蕺山評白沙語，見下文所引〈師説〉。

㊽ 這自不是説白沙本人不從事日常的生活踐履（如其事母至孝），而是説白沙經由此理所會得的生生化機，一方面太過於主觀而有造境之嫌，亦即此生生化機是經由白沙一心之獨會而顯，並不是客觀真實世界的真正呈顯，而客觀世界生生化機的呈顯正是儒家道德的外顯標的；一方面此生生化機又太過於客觀，故在白沙以此心會得此理後，此心的主體性反而不顯，而太落入「自然」的圈套，而顯有莊子之風，就儒學而言太過消極。

㊾ 故湛甘泉後來要以「隨處體認天理」來救白沙之弊。甘泉之隨處體認天理蓋有似於朱子格物窮理處。白沙可謂從朱學流出，而甘泉則又從白沙流回朱子。

㊿ 徐復觀〈象山學案〉，收於氏著《中國思想史論集》，頁26－7。

第四章　結　　論

　　朱子的理氣論，雖然因朱子欲從其中導出對種種經驗事象的解釋，不免失之於繁瑣蕪雜，其中一些彼此間的邏輯關係也非無瑕可摘。然而，理氣論不但是朱子整個哲學思想的基礎，對他來說還是理學對抗佛老的最佳利器。理氣論肯定外在的實存，是由一最高的價值存有本體流行而來，雖然在中間的過程，因為氣化形質的關係，價值的存在變成是一種潛存的狀態，然正因如此，人的修身成德才有實踐的理論基礎。藉著這樣的聯繫，理學才能上接宋前儒學，給予宋前儒學於事上肯定價值的踐履之學一理論上的說明。從理學發展的歷史來看，象山、白沙、陽明強調一心之作用，終是持不住儒釋差異。就此而論，理氣論與儒學本質的關聯，實在值得我們再加以深究。

　　朱子的心性論同其理氣論一樣，也顯得繁複，但顯然較其理氣論更具條理。性在縱的方面聯結了個別存有和最高存有，在橫的方面則聯結了人之存有與外物之存有。在經過實質理到關係理的轉變後，性變為一種確定人與其他存在物的關係定向。由此，更進一步，性理變成兩種形式綜合之理——所以然不可易和當然不容已，一種是理論上反溯的存有綜合，一種是實踐的應然綜合。含具了這兩種綜合之理，性一方面在存有論上和太極有同等的地位，一方面更可具實成一道德的定向，經由結構性的限定對心造成一定的影響。至於對心的論述，朱子顯然承繼了前人對於心的

種種論述，而予心一特別豐富的義涵。心一方面具有主宰的能力，突顯出其為主體實踐的主要地位；一方面心的知覺能力使其能察覺外在的物（事）理以推明內具的性理。在這種情形下心可依性而發出善的情（性為情的形式因，因為理先於氣），也可因蔽於物欲而發出惡的情（心為性的實質因，因為形具而理賦焉）。如何存善去惡，就要依賴工夫論的說明。心、性關係構成人的概念結構中的主要部分，而工夫論則是將這些概念結構納入人的動態實踐予以一活動有機的解釋。格物、窮理的差別說明了朱子工夫論的具實性格，朱子此處實比象山、陽明更近於先秦儒據事論理的理論型態。格物、致知的同異在一方面說明了格物雖是心向外作工夫，然無論在過程中、還是在結果上來看，這種向外的工夫同時也是向內的；另一方面，也說明了朱子的「一貫」論，使得心在不斷的歷事過程中的整全性特別突顯。

朱子的格物工夫，在後來發生了偏解，使得其學術流落入經疏訓詁的細瑣中而缺少道德踐實的意義。這種現象最後被明初繼承朱學的儒者以篤行的學風糾正過來。但是在這種糾正的過程中，朱子思想體系的整全並沒有被恢復，而是被以另一種方式作著偏向的解釋。

月川就實踐履，以日常生活的倫常為標的來破除佛家的虛妄。敬軒靜坐讀書，特別強調性的理氣論意義，故屢言「性為太極」，臨終前並云「此心始覺性天通」。兩人對朱子理氣論都有些許異見，然這些持異的論點，在未能獲得更深入的探討與發展的情況下終未能對朱學造成任何影響。康齋則將個人的踐履範圍加以縮小（相對於儒者所期望的外顯事功），重於日常細節檢討自己的

行為。敬齋的氣象比康齋大為寬廣，對宋儒的承繼也顯得比他人來得更為深入。然他對居敬、窮理的兩頭工夫，在理論上顯有偏重之意。其判明道為由一到貫的聖學工夫、朱子為由貫到一的學者工夫，意向所在，顯然在於明道，而於理論上確和朱子有所異同。白沙則於困頓之中，悟出了自得之學，這使得他和象山有許多類似的地方。然象山之得手，出於早年穎悟之機，其自信己心與宇宙為一，並不輕忽宇宙的外存，並因而進一步使此心承擔起宇宙內事，完成道德踐履的理論依據。白沙之學則在困頓中，擺脫一切，而有見於心體的自然呈露，更由此呈露悟入造化生生之機。故其學重在這種擺脫，偏於靜坐見體，終有空頭工夫之嫌。

從明初諸儒之學行，已可發現其從朱學轉手的跡象——格物窮理工夫的失落、重要理學著作型態的轉變。朱子龐大思想體系的支解，至此透顯無疑。象山譏朱子支離，正因為朱子的體系龐雜，枝繁葉茂，令人難見本根。就朱子本身來說其根深幹固，縱使枝葉繁疏，一來無末大於本之患，二來正顯出其體系具外延的開拓性，實不支離。然而在朱學的傳承中，這種聯繫性漸被打破，而呈現出支離的樣態，箇中敬軒是一最好的例子——枝、葉、根、幹似乎全具，然卻各各脫落，難成一樹。而在明初敬齋、白沙身上，卻可以看到這整全體系被擇取、重組、改造，而成為重點不同的其他體系。

另外，康齋師弟三人的生活態度和其對政治的冷淡，顯出儒學所強調的修身立業的格局在現實政治制度下的退縮。三人之中唯敬齋較重於政治實務，然其放棄政治仕途的行徑與康齋、白沙毫無不同。配合他們所注重的靜修來觀，此種態度也不足為奇。

觀夫而後陽明強調在事上磨鍊的致良知工夫，或許可說他是思有以救正康齋、白沙離事的生活情調，而從靜中靜到靜中動到靜動一的過程。從理論規模看，也略可見出朱學經過明初儒者改造而褪變成陽明之學的痕跡。當然這種過程是客觀的歷史敘述，不意味著其間有何傳授私淑的影響。梨洲固可認為白沙之學有以導夫陽明之先路，而陽明事實上卻不特別推及白沙。

　　對明初諸理學家若有進一步的了解，與其斷定他們是「恪守宋人成說、矩矱規範」，不如認其為「以實踐力行的生活樣態改正與落實理論傳承中所可能產生的弊病」，而將白沙、陽明之精微，視為將這種生活樣態再進一步的理論化。這種生活樣態，使理學更向實踐主體的內裡收攝，終使得理學偏往內聖的自修而較輕忽了外王的他顯。由此時期的理學發展，也可知宋明理學家無時不在理論上和實際環境裡關注理學的發展，對於此發展過程當中的偏向都有切身的感受而思有以救之。即以朱、陸、王來說，從其學行而論，其自身的力行實踐正有以補其理論的偏處。今之學者若只思由論學處以窺見學術之真命脈，即使有得，恐不無所偏；更遑論欲以此直追其精神，而以其學救當今之世弊。

參考書目

傳統文獻

周敦頤	《周濂溪先生全集》，張伯行編		台北，商務
張載	《張載集》		台北，里仁
程顥·程頤	《二程集》		台北，漢京
朱熹	《朱文公文集》四部叢刊初編縮本		台北，商務
——	《朱子語類》，黎靖德編		台北，文津
——	《四書纂疏》，趙順孫纂		台北，新興
陸九淵	《陸九淵集》		台北，里仁
陳淳	《北溪字義》		台北，世界
吳與弼	《日錄》	近世漢籍叢刊本	台北，廣文
胡居仁	《居業錄》	近世漢籍叢刊本	台北，廣文
薛瑄	《讀書錄》	近世漢籍叢刊本	台北，廣文
——	《讀書續錄》	近世漢籍叢刊本	台北，廣文
——	《敬軒文集》	四庫全書珍本	台北，商務
陳獻章	《白沙子全集》碧玉樓藏版		台北，河洛
王守仁	《王陽明全集》		台北，河洛
———	《傳習錄》	陳榮捷詳注集評	台北，學生
	《明史》		台北，鼎文
黃宗羲	《明儒學案》		台北，華世

全祖望補修　《宋元學案》　　　　　　台北，華世
江永　　　　《近思錄集注》　　　　　台北，中華
王懋竑　　　《朱子年譜》　　　　　　台北，世界

近人著作

陳榮捷，《王陽明與禪》，台北，學生書局，1984。

－－－，《朱子新探索》，台北，學生書局，1988。

－－－，《朱學論集》，台北，學生書局，1988。

－－－，《王陽明傳習錄詳註集評》，台北，學生書局，1988。

－－－，《朱子新探索》，台北，學生書局，1988。

陳郁夫，《明陳白沙先生獻章年譜》，台北，商務印書館，1980。

陳　來，《朱熹哲學研究》，北京，中國社會科學出版社，1988。

馮友蘭，《中國哲學史》。

黃敏浩，《湛甘泉的生平及其思想》，台大中研所碩士論文，
　　　　1988。

黃桂蘭，《白沙學說及其詩之研究》，台北，文史哲出版社。

劉述先，《朱子哲學思想的發展與完成》，台北，學生書局，
　　　　1984。

李澤厚，《中國古代思想史論》，台北，古風出版社，1986。

呂妙芬，《胡敬齋與陳白沙思想研究》，台大中研所碩士論文，
　　　　1989。

牟宗三，《心體與性體》，台北，正中書局，1985。

－－－，《從陸象山到劉蕺山》，台北，學生書局，1984。

麥仲貴，《明清儒學家著述生卒年表》，台北，學生書局，1977。

錢　穆，《中國思想史》，台北，學生書局，1983。

——，《朱子新學案》，台北，三民書局，1982。

——，《中國學術思想史論叢·七》，台北，東大圖書出版公司。

容肇祖，《明代思想史》，台北，開明書局，1969。

唐君毅，《中國哲學原論·導論篇》，台北，學生書局，1986。

———，《中國哲學原論·原性篇》，台北，學生書局，1984。

———，《中國哲學原論·原教篇》，台北，學生書局，1984。

徐崇溫，《西方馬克思主義》。

張立文，《朱熹思想研究》，台北，谷風出版社，1986。

張汝綸，《意義的探索》，台北，谷風出版社。

曾陽晴，《無善無惡的理想道德主義》，台大中研所碩士論文，1989。

參考論文

古清美，＜王陽明致良知說的詮釋＞，《鄭因百先生八十壽慶論文集》，1984，頁439－75。

———，＜劉蕺山對陽明致良知說之繼承與發展＞，《臺大中文學報》創刊號，1985，頁367－96。

徐復觀，＜象山學述＞，收於氏著《中國思想史論集》，台北，學生書局，1983，頁12－71。

楊儒賓，＜人性、歷史契機與社會實踐──從有限的人性論看牟

宗三的社會哲學＞，《台灣社會研究季刊》，第一卷
　　　第四期（1988冬季號），頁139－79。

祝平次，＜道德行爲的分析模式＞，《臺大中文學報》，第二期，
　　　1988，頁401－27。

－－－，＜論勞思光的「宋明儒學一系說」＞，《中國文學研究》，
　　　第二輯，1988，頁297－310。

張素卿，＜朱子以「知至、物格」解「盡心、知性」說＞，《中
　　　國文學研究》，第二輯，1988，頁109－29。

外文論著（含譯著）

中村元，東方民族的思維方法，林太、馬小鶴譯，台北，淑馨出
　　　版社，1991。

《日本學者論中國哲學史》，板橋，駱駝出版社，1987。

De Bary, Wm. Theodore and the Conference on
　　　Ming Thought, Self and Society in Ming
　　　Thought, New York, Columbia University
　　　Press, 1970.

Frondizi, Risieri著，Lipp, Solomon英譯，黃藿譯，《價
　　　值是什麼》，台北，聯經出版社，1986，增訂再版。

國立中央圖書館出版品預行編目資料

朱子學與明初理學的發展／祝平次著--初版.--臺北市：
臺灣學生，民83
　　面；　　公分．（中國哲學叢刊；38）
參考書目：面
　　ISBN 957-15-0590-0（精裝）.--ISBN 957-15
-0591-9（平裝）

　　1.（宋）朱熹-學術思想-哲學　　2.理學-中國-明
(1368-1644)
125.5　　　　　　　　　　　　　　　　83000497

朱子學與明初理學的發展（全一冊）

著　作　者：祝　　　平　　　次
出　版　者：臺　灣　學　生　書　局
本書局登
記證字號：行政院新聞局局版臺業字第一一〇〇號
發　行　人：丁　　　文　　　治
發　行　所：臺　灣　學　生　書　局
　　　　　　臺北市和平東路一段一九八號
　　　　　　郵政劃撥帳號00024668
　　　　　　電　話：3634156
　　　　　　FAX：(02) 3636334
印　刷　所：常　新　印　刷　有　限　公　司
　　　　　　地　址：板橋市翠華街8巷13號
　　　　　　電　話：9524219・9531688
香港總經銷：藝　文　圖　書　公　司
　　　　　　地址：九龍偉業街99號連順大廈五字
　　　　　　樓及七字樓　電話：7959595

定價　精裝新台幣二三〇元
　　　平裝新台幣一七〇元

中　華　民　國　八　十　三　年　二　月　初　版

ISBN 957-15-0590-0（精裝）
ISBN 957-15-0591-9（平裝）

臺灣學生書局出版

中國哲學叢刊

①孔子未王而王論　　　　　　　　　　　　羅　夢　冊　著

②管子析論　　　　　　　　　　　　　　　謝　雲　飛　著

③中國哲學論集　　　　　　　　　　　　　王　邦　雄　著

④王陽明傳習錄詳註集評　　　　　　　　　陳　榮　捷　著

⑤江門學記　　　　　　　　　　　　　　　陳　郁　夫　著

⑥王陽明與禪　　　　　　　　　　　　　　陳　榮　捷　著

⑦孔孟荀哲學　　　　　　　　　　　　　　蔡　仁　厚　著

⑧生命情調的抉擇　　　　　　　　　　　　劉　述　先　著

⑨儒道天論發微　　　　　　　　　　　　　傅　佩　榮　著

⑩程明道思想研究　　　　　　　　　　　　張　德　麟　著

⑪儒家倫理學析論　　　　　　　　　　　　王　開　府　著

⑫呂氏春秋探微　　　　　　　　　　　　　田　鳳　台　著

⑬莊學蠡測　　　　　　　　　　　　　　　劉　光　義　著

⑭先秦道家與玄學佛學　　　　　　　　　　方　穎　嫻　著

⑮韓非子難篇研究　　　　　　　　　　　　張　素　貞　著

⑯商鞅及其學派　　　　　　　　　　　　　鄭　良　樹　著

⑰陽明學漢學研究論集　　　　　　　　　　戴　瑞　坤　著

⑱墨學之省察　　　　　　　　　　　　　　陳　問　梅　著

⑲中國哲學史大綱　　　　　　　　　　　　蔡　仁　厚　著

⑳儒家政治思想與民主自由人權　　　　　　徐　復　觀　著

㉑道墨新詮　　　　　　　　　　　光　　晟　著
㉒中國心性論　　　　　　　　　　蒙　培　元　著
㉓管子思想研究　　　　　　　　　徐　漢　昌　著
㉔譚嗣同變法思想研究　　　　　　王　　樾　著
㉕明清之際儒家思想的變遷與發展　林　聰　舜　著
㉖張載哲學與關學學派　　　　　　陳　俊　民　著
㉗道教新論　　　　　　　　　　　龔　鵬　程　著
㉘儒釋道與中國文豪　　　　　　　王　　煜　著
㉙帛書老子校注析　　　　　　　　黃　　釗　著
㉚中國古代崇祖敬天思想　　　　　王　祥　齡　著
㉛黃老學說與漢初政治平議　　　　司　修　武　著
㉜近思錄詳註集評　　　　　　　　陳　榮　捷　著
㉝老莊研究　　　　　　　　　　　胡　楚　生　著
㉞莊子氣化論　　　　　　　　　　鄭　世　根　著
㉟韓非之著述及思想　　　　　　　鄭　良　樹　著
㊱儒家的生命情調　　　　　　　　戴　朝　福　著
㊲中國文化哲學　　　　　　　　　馮　滬　祥　著
㊳朱子學與明初理學的發展　　　　祝　平　次　著